LA FORCE ET L'IDÉE

LETTRES AU GÉNÉRAL CAVAIGNAC

SUR LES RÉFORMES

D'ÉMILE DE GIRARDIN,

PAR M^{IN}. BONNAL.

Si vous ne craignez pas la Liberté, l'Égalité, la Fraternité, sur leurs ailes elles por-
teront le monde !

ÉMILE DE GIRARDIN.

PARIS.

MICHEL LEVY FRÈRES, LIBRAIRES-EDITEURS

des Œuvres d'Émile de Girardin,

RUE VIVIENNE, 1.

1848

I

LETTRE AU GÉNÉRAL CAVAIGNAC.

MONSIEUR,

Je vous écris, non pour vous battre personnellement en brèche, non pour vous louer, mais afin de parcourir avec vous le cadre entier de notre situation présente.

Je compte pour trop peu l'influence d'un homme, à moins qu'il ne soit hors ligne dans son siècle ; j'ai trop de foi dans l'indomptable ascendant d'une nation initiée au mouvement direct des affaires publiques, pour me livrer à l'examen d'un caractère individuel, comme on l'a fait dans ces derniers temps à l'égard de MM. Thiers et Lamartine, avec la seule intention peut-être de les amoindrir.

Amoindrir ou exalter outre mesure les hommes politiques, selon qu'ils sont ennemis ou amis, tel est le rôle que chacun s'impose aujourd'hui, regrettable erreur qui me prouve, ou que nous ne sommes pas mûrs pour le gouvernement démocratique, exclusif des influences individuelles, ce que nous semblons ne pas comprendre, ou que l'esprit d'individualisme répandu de toutes parts, dans les riches appartements comme dans les pauvres mansardes, rendra impossible le régime républicain.

Exalter les hommes, c'est nier l'action exclusive des masses, c'est perdre de vue l'origine nécessaire de toute impulsion gouvernementale qui, si elle n'émane pas du peuple, résidera forcément dans une usurpation ; c'est accoutumer le pays à s'abdiquer dans son ensemble au profit de quelques-uns, tandis qu'il faudrait l'accoutumer à ne compter que sur lui-même, afin qu'il ne s'oubliât jamais, qu'il restât incessamment actif, toujours maître des affaires nationales, et n'eût pas, après des sommeils plus ou moins longs, à s'en emparer violemment par des révolutions héroïques et mensongères ; c'est, en un mot, déplacer l'existence de l'État, et faire dépendre le niveau de l'Océan des gouttières de nos toits, non ces gouttières de l'expansion de la mer.

Amoindrir les hommes politiques ? Eh ! mon Dieu ! ne se rapetissent-ils pas déjà trop eux-mêmes au contact des affaires publiques, sans que d'avance ou durant leur gestion ils soient frappés de nos dédains ? Ils sont faibles des convoitises ardentes et jalouses de tous, et nous les affaiblissons encore ; ils ne savent où donner de la tête, et nous les égarons du trouble de nos clameurs ; ils savent peu en matière d'initiative et d'organisation, et tandis que la science collective leur devrait être offerte, on s'acharne à les attaquer, tâche toujours facile quand, à la place des ruines par nous dispersées, nous ne sommes pas contraints d'ériger le monument représentatif de nos critiques. Ils ont besoin de confiance, de courage, d'union, d'idées, d'idées surtout ; ne les placez donc pas sur un navire qui sombre, ou bien vous, société, vous sombrerez avec eux !

Pour mon compte, je vois en France une nation, non des individus ; un pouvoir, non des hommes d'État : par suite, je m'occupe des tendances et des besoins de cette nation, des actes de ce pouvoir, abstraction faite des personnes.

Je domine d'assez haut les questions, à ce point de vue, pour les pouvoir explorer sans partialité.

Et d'abord, avant d'aborder la situation actuelle, qu'a fait le gouvernement provisoire depuis février jusqu'à la réunion de l'Assemblée nationale ? Rien. Il a pris une monarchie dans ses bras et l'a portée intacte aux pieds de la délégation du peuple. Sauf la désorganisation des détails, il a religieusement respecté les principes fondamentaux : c'est l'opposé qu'il fallait faire au début.

Ce gouvernement prétend avoir beaucoup travaillé. A quoi ? je l'ignore. Il n'a rien fait d'appréciable à l'œil nu ou au microscope. Il a laissé se désorganiser, il a laissé prendre, il a laissé faire : il a été passif comme une pierre qui roule, et n'a rien retenu, rien poussé, rien dirigé, rien reconstruit : il a été nul.

A-t-il maintenu l'ordre ? Ce serait beaucoup s'il l'avait fait, ce serait tout ; mais l'ordre s'est maintenu de lui-même ; on peut même affirmer qu'il s'est maintenu malgré le gouvernement provisoire. L'honneur en revient au peuple. Il y a eu alors plus d'ordre, plus de désintéressement, plus de patriotisme au sein de la nation qu'au sein du gouvernement.

Les intentions pouvaient être bonnes de part et d'autre ; mais je n'ai pas à m'en occuper : on ne doit jamais juger le pouvoir que sur ses actes. Les intentions sans les œuvres ne sont que l'hypocrisie des gouvernements, ou que les gants jaunes de l'impuissance présomptueuse.

Revenant à mon point de départ, ceci prouve combien peu il faut compter sur les hommes, et la confiance absolue que nous devons placer dans les inspirations du pays tout entier.

Qu'a produit l'action combinée de la commission provisoire et de l'Assemblée ? Rien encore : le fait est plus grave. Quelle en est la cause ? Le prestige dont jouissait la commission, par suite de sa composition individuelle, et son incapacité pratique au point de vue gouvernemental.

Mais pourquoi, me dira-t-on, l'Assemblée n'a-t-elle pas pris l'initiative d'un mouvement suprême appelé à tout dominer ?

Parce qu'à l'égal de nous tous, elle comptait trop sur quelques personnages et pas assez sur elle-même ; qu'elle attendait l'impulsion d'un pouvoir exécutif qui, de son côté, l'espérait, soit du ciel, soit de plus bas que terre ; qu'elle avait peur et n'osait agir, ignorant encore les forces groupées autour de ses tendances ; puis, il faut bien le dire, parce qu'elle ne savait point la pratique des choses si susceptibles de la démocratie, et n'avait science que des théories du gouvernement royal.

Faire ce qu'on ne sait pas est difficile , surtout contre les inclinations du cœur ; faire ce qu'on sait est périlleux contre les volontés de populations actives insurgeant d'un signe les pavés.

Voilà ce qui explique l'immobilité de la représentation. Ce qu'elle voulait, elle ne le pouvait faire encore ; ce qu'elle pouvait, elle ne le voulait pas ; elle attendait.

Si la commission provisoire eût été à la hauteur de sa mission, elle devait alors comprendre son rôle et dominer transitoirement l'Assemblée pour la pousser en avant. Il ne s'agissait que de l'engager.

Mais la commission était tout à la fois et trop poétique et trop prosaïque pour descendre si bas ou monter si haut sur l'échelle des nécessités politiques et sociales.

C'en est assez sur ce chapitre. La commission fut jetée à bas ; l'armée triompha de l'insurrection ; vous arrivâtes au pouvoir, Monsieur, et, sous votre protection, l'Assemblée se prit d'un premier mouvement.

Quel a été ce mouvement qui se continue encore ? Vous me permettrez bien de le dire, général , je le trouve réactionnaire. En faut-il des preuves ? Je le crois inutile.

A quoi bon citer un état de siége se perpétuant au delà des circonstances qui le font naître ?

Pourquoi parlerais-je des violations incessantes de la liberté, non-seulement de la liberté, mais encore de la propriété de la presse , par une autre violation de la loi répressive que vous-mêmes vous venez de vous voter ?

Je n'oserais pas dire que, sous la République de 1848, un rédacteur en chef, futur génie de l'organisation démocratique, a été incarcéré et relâché sans autre forme de procès, parce qu'on avait pour son caractère une profonde estime, pour son courage de l'admiration, et qu'on le savait incapable de reculer devant les périls du moment.

Votre législation sur les clubs peut être excellente, mais, produite il y de cela un an, *la Réforme* et *le National* n'eussent-ils pas fulminé les plus brillantes injures ?

Je relis chaque jour les articles de MM. Armand Carrel, Bastide et Marrast dans l'ancien *National*, je relis ceux de Godefroy Cavaignac, et je me demande si ces hommes ont réellement existé ? La présence de MM. Bastide et Marrast aux affaires répond affirmativement, et je le regrette. Je préférerais que ces messieurs n'eussent pas existé alors, ou n'existassent pas aujourd'hui ; au moins ne serait-on pas contraint de mépriser le dévergondage de la duplicité dans la plus sainte des aspirations morales.

Le National disait alors : « Mieux vaut une monarchie libre qu'une république sans liberté. » Ceci m'explique ses tendances actuelles.

Vous dont le patriotisme est de bonne foi, Monsieur, pensez-vous qu'un gouvernement républicain ne diffère de la monarchie que par le titre ? Or, sauf ce titre, quelle différence y a-t-il aujourd'hui entre la République française et la monarchie de juillet ?

S'il existe une différence, et on ne peut la nier, elle est au profit du gouvernement déchu. N'y aurait il aucune différence, que ce serait encore notre condamnation. On pourrait dire alors, passez-moi le mot, que nous sommes des *républicains pour rire*, et que si nous avons tant déblatéré contre la monarchie, c'est que nous en voulions à ses dignités, à ses somptueux traitements, à leurs jouissances, parfaitement satisfaits d'ailleurs de ses institutions, surtout de ses abus.

« Entre l'optimisme de 1848 et l'optimisme de 1847, la seule différence serait-elle celle qui existe entre la pièce de cinq francs frappée à l'effigie de la royauté constitutionnelle et la pièce de cinq francs frappée à l'effigie de la République française ? Même titre ; n'y aurait-il de changé que le coin ?»

Si on ajoute que nous sommes des fourbes pour avoir masqué les sordides appétits de nos passions privées derrière la croix politique du Christ, que répondrons-nous ?

J'y suis, j'y reste ; j'ai réussi, arrangez-vous ; ce que j'étais, je l'ignore ; je ne l'ai jamais su et ne le veux savoir ; ce que je voulais, je le tiens.

La monarchie, chimère ; la République, fantasmagorie ; le socialisme, indécente cupidité ; nous sommes, nous, le seul gouvernement possible, quelle que soit son enseigne.

Pour ma part, j'ai un peu moins de foi dans les hommes, un peu plus dans la nation ; moins dans le désintéressement individuel, plus dans la générosité démocratique des institutions.

Vous pensez comme moi, Monsieur, j'en suis certain, et cependant c'est de votre ombre que la réaction s'éclaire, pour s'en retourner dans le passé. A quoi cela tient-il ?

Cela tient à ce que, aux yeux des réactionnaires, vous ne représentez pour le moment que la puissance en armes, et que cet élément est le seul possible par l'esprit qui prévaut. En effet :

Pourquoi cette armée est-elle nécessaire ? Pour obliger le peuple à accepter le bienfait d'institutions conçues en vue de son bonheur ? Mais je ne sache pas qu'il ait fallu des armées pour obliger MM. tels ou tels à accepter des dignités lourdes du poids de beaux traitements. Si donc on octroie quelques douceurs au peuple, un peu de bien-être, un allègement en retour des vices amers et si dangereux de sa position, je doute qu'il faille déployer une bien grande action militaire pour le contraindre à se laisser rendre heureux.

Comme la force armée est inutile pour faire accepter des bienfaits, elle est donc nécessaire pour les refuser.

Puissance militaire sous la démocratie équivaut donc à réaction.

L'Assemblée, les sept dixièmes du pays se sont dès lors réfugiés sous la sauvegarde de l'armée, que vous représentez officiellement, non peut - être moralement, afin de réagir.

De réagir contre qui ? contre le peuple ? Non ! Pas de calomnie. Soyons juste avant tout. Afin de repousser une doctrine nouvelle, que le peuple des travailleurs, sans examen, a cru reconnaître comme la solution du problème de ses souffrances.

Le peuple se trompe : il faut le lui dméontrer ; mais qu'il sache bien que ce n'est pas lui qu'on repousse *du banquet de la vie*, comme on l'a prétendu trop poétiquement peut-être : ce sont ses idées, ce sont les funestes espérances qu'il nourrit et qui, réalisées, nous plongeraient tous dans l'anarchie de la plus profonde misère.

Mais le moyen qu'on emploie, dès cette heure, général, pour vaincre de d'affligeantes doctrines, est la garantie de leur triomphe : c'est ce qu'il importe essentiellement de prouver, au risque de vous déplaire.

Quant à vous, Monsieur, homme de jugement, d'un esprit fin, habilement circonspect et qui vous êtes montré plein de tact jusqu'ici dans vos rapports parlementaires, comment se fait-il que vous ne compreniez pas « qu'on ne » prévient les révolutions que par les réformes ? Que le meil-» leur moyen de maîtriser le présent et l'avenir, consiste à » ne se laisser devancer par aucun progrès. »

Des esprits faux ou prévenus répondraient : Parce que vous êtes soldat et qu'il est peu de militaires qui, par la nature de leur éducation et de leurs habitudes morales, pussent mener à terme une révolution démocratique.

Je suis moins exclusif, et je crois que vous pouvez ce que peut tout représentant capable.

Salut et fraternité.

M. BONNAL.

II

LETTRE AU GÉNÉRAL CAVAIGNAC.

Monsieur,

Il s'agit d'abord pour moi de vous dire ma pensée sur la situation actuelle des choses et des esprits : elle est grave. Peut-être ne vous en rendez-vous pas compte, ou bien peut-être encore ne la voyez-vous pas sous son véritable jour, dans toute sa simplicité, avec tous ses périls.

Esprits et choses marchent à l'avenir dans un pêle-mêle si confus, si affreusement désordonné, qu'il est difficile d'assigner et de définir une limite à cet immense mouvement de recul et de progression. De telle sorte qu'on se demande avec tristesse s'il ne sera pas aussi funeste à la société de marcher en avant, que de revenir en arrière.

Il faut cependant avancer ou reculer.

Au lendemain d'une révolution la stagnation n'est pas plus possible que le repos du boulet après l'explosion de la poudre : il avance, si aucun corps ne le repousse.

Reculer par la réaction, c'est avoir contre soi, outre la pente de la civilisation, outre les invincibles aspirations vers l'inconnu, qui entraînent les masses depuis le quinzième siècle, aspirations jusqu'à cette heure indomptées, c'est avoir contre soi d'innombrables intérêts populaires qui se recommandent, si ce n'est par leur importance privée, du moins par leur nombre, et, en définitive, par la force révolutionnaire qui leur est exclusivement propre. C'est remonter un courant qui s'est parfois arrêté sur la digue, mais en y accumulant son poids pour tout emporter d'un coup.

Avancer, au contraire, comme l'entendent les populations travailleuses, celles qui poussent aux innovations par la chute des gouvernements, c'est supprimer la société actuelle et la remplacer par une société d'improvisation, qui détruirait tous titres de propriété et les interdirait à jamais.

Ces deux systèmes ont leurs journaux, et ces journaux la France entière pour les lire.

Qu'on regarde avec réflexion, et l'on ne verra que ces deux lpartis au sein de l'État, l'un formé, l'autre se recrutant; 'un appuyé sur le républicanisme aristocratique du *National*, l'autre sur le *Représentant du Peuple*, mais se réservant de nommer Cabet après le triomphe.

Le premier de ces partis déborde déjà le *National*, ce qui paraît impossible, et s'exprime de préférence par l'organe du *Constitutionnel*, des *Débats*, du *Siècle*, qui ont le mérite de n'avoir pas viré de bord comme leur chef officiel.

Le second se couvre du *Représentant du Peuple;* mais ce n'est là qu'un point de départ. Au jour d'une révolution, ses lecteurs le relégueraient dans la catégorie des novateurs timidement candides, monomane d'une pensée unique trop restreinte et le dépasseraient.

Ces deux extrêmes m'affligent et doivent inquiéter les vrais amis de l'ordre progressif. Celui de la réaction m'attriste surtout parce qu'il est au pouvoir et qu'il nous mène droit au régime adverse : au socialisme.

Vous avez supprimé les journaux socialistes, Monsieur : mauvais moyen, usurpation sur le premier droit d'une société intellectuelle ; mais, enfin, puisque vous vous faisiez de cette usurpation un devoir, il fallait l'accomplir avec clairvoyance et supprimer du même trait de plume le *National*, le *Constitutionnel*, les *Débats*, le *Siècle*.

Ce n'est pas tout de mettre les scellés sur les matériaux du socialisme, il faut encore empêcher l'imprudence de ses ennemis de lui creuser des fondements.

Réfléchissez-y : d'une part nous voyons, entourée des majorités, *qui ne font ni n'empêchent les révolutions et qui les subissent,* une république constitutionnelle, un gouvernement monarchique électif, c'est-à-dire un non-sens, un cratère intarissable de perturbations : moteur social délicat à qualifier, qui naît du suffrage universel et nie le peuple, qui prend un titre démocratique avec des institutions royales ; qui veut agir au nom de tous indistinctement, mais avec le seul concours effectif d'une aristocratie quelconque. Fantôme transitoire se ralliant tout ce qui regrette, tout ce qui espère, tout ce qui craint la République, c'est-à-dire la garantie des droits de chacun par le plus grand nombre, et ne lui donne une main qu'à la condition de tenir l'autre dans celle de la monarchie.

Un tel régime ne naît point viable, car il est appelé à commettre les fautes les plus dangereuses, celles qui résultent des témérités de la peur.

Puis nous voyons encore, méditée par les populations ouvrières, la théorie d'une République sans droits transmissibles de propriété, c'est-à-dire sans point de ralliement pour la famille, sans but final aux labeurs privés, c'est-à-dire sans émulation, sans positions permanentes, c'est-à-dire sans stabilité, sans indépendance matérielle de l'individu, c'est-à-dire sans libre arbitre effectif, sans les inestimables inspirations de la liberté morale ! où le travail sera votre fortune tant qu'il vous sera loisible de travailler, mais où l'enfance, les infirmités, la vieillesse deviendront une ruine sociale et n'obtiendront que misère et dégoût ; où sur la fin de leur carrière l'homme d'ordre et le dissipateur, confondus dans un même sort de dépendance si la société les secourt, de privations si elle les abandonne, donneront un terrible exemple de démoralisation à leurs concitoyens jeunes et valides.

Pas de propriété individuelle ?..... Mais quelle société tiendrait dix ans debout sans cette base de son existence et de sa durée ?

Me citera-t-on la société des frères Moraves ? mais on se tromperait : cette société avait pour fondement de vives, de profondes croyances religieuses. En avons-nous ?

Mais la fraternité, va-t-on me dire ? La fraternité qui ne surgit pas d'un cœur religieux, la fraternité qui n'a pour siége que la raison, est un mensonge ou le poignard dont se servent les jongleurs.

Aujourd'hui, pas de croyances ! Il n'y a pas dès lors de fraternité sociale ; il ne peut pas y en avoir, quelles que soient les institutions qu'on se donne pour développer son exercice ; on peut suppléer à son absence, voilà tout, et tout système qui prendra pour base de ses combinaisons la fraternité, ou se trompera ou voudra tromper.

A défaut de la *fraternité* religieuse et volontaire, venant d'en haut, non de nous, faisons appel à la *solidarité* légale. M. de Girardin a mis hardiment le doigt sur la plaie vive de l'époque lorsqu'il a conçu cette magnifique pensée pratique. J'aurai à y revenir.

Mais qu'il me soit permis de le dire en passant, ceux qui nient la propriété, nient la destinée morale de l'homme ; c'est au nom de la fraternité humaine qu'ils attaquent la propriété ; au nom de la moralité humaine on la doit défendre.

Ils nient la portée morale de l'homme, car ils ne le recon naissent pas capable de faire un bon usage de ses inspirations intellectuelles ; ils le frappent dès lors d'interdit, lui mettent une camisole de force comme à un fou, l'isolent de son bien, lui en interdisent la possession et la répartition volontaire, le déclarent incapable de posséder, et après l'avoir ainsi mutilé dans les seules facultés qui le distinguent des animaux, qui le placent à l'égal d'un phare entre le néant et l'immortalité, ils le lancent dans la société humaine comme un modèle d'ordre et d'harmonie.

Aberration étrange, qui dénote ou une bien étroite portée dans l'esprit, ou un singulier aveuglement de passion.

Ils appellent la propriété en commun de la fraternité : j'appelle cela une insulte au caractère humain, et si je le qualifie de la sorte, c'est que je suis prolétaire.

Mais, dira-t-on, voyez l'usage que font les hommes de leurs biens individuels. Nous sommes en droit de nier leur moralité et dès lors de proscrire la propriété individuelle.

On prend un accident pour un principe, une dérogation

pour une règle. Les facultés morales de l'homme sont faites pour le bien ; si elles pratiquent le mal, c'est qu'on les a faussement dirigées. Ce n'est donc pas la propriété qu'il faut détruire comme un élément de désordre aux mains d'un insensé, c'est l'éducation qu'il faut refaire, c'est le moral humain qu'il faut redresser et lancer dans la voie de sa destinée primitive.

Mais ne détruisez pas la propriété individuelle, qui exerce notre moralité, qui consacre le droit de notre libre arbitre, qui fait l'homme lui-même matériellement et moralement, pour mettre à sa place la consécration d'une éducation mauvaise, c'est-à-dire un vice destiné à remédier à un vice factice et passager, une immoralité appelée à consacrer une immoralité transitoire.

Faites que par l'éducation morale nous sachions user fraternellement de nos biens, et la propriété sera dans l'ordre matériel ce qu'est la moralité dans l'ordre des choses intellectuelles.

Et remarquez-le, la fraternité de la raison appliquée à une société commune de biens, n'est qu'une loi physique semblable à toutes celles du code, qu'on violera comme elles mentalement et qu'on enfreindra en réalité toutes les fois qu'il sera possible.

Cette société, avec cette fraternité de commande et de tempérament, ne sera qu'une mécanique animée par un moteur de convention. J'y vois des corps, non des esprits, des estomacs, non des cœurs.

La fraternité du cœur, celle qui naît du génie humain, doit être libre et s'exercer librement : elle implique la disposition volontaire des biens et la propriété individuelle.

Si le propre de la civilisation est de perfectionner les données morales de l'homme, la civilisation exige le maintien de la propriété.

Mais si vous dites que la civilisation efface les droits de propriété, vous niez en même temps que l'homme grandisse par la civilisation. Or, c'est nier sa mission morale, c'est affirmer qu'en grandissant, qu'en se rapprochant du plus haut de sa destinée il se dégrade ; c'est avouer que le développement de ses facultés les avilit ; c'est repousser le progrès, appeler l'ignorance , c'est nier Dieu ou en faire la loi caduque du hasard.

Je crois en Dieu, j'admire ses œuvres, surtout la possibilité de perfectionnement à laquelle peut atteindre l'homme sous l'influence d'une judicieuse éducation , et les inventions du socialisme me font sourire.

Mais je sors du cadre que je m'étais tracé.

Telles sont , en somme , les deux Républiques qui se disputent actuellement le terrain ; mais lequel de ces deux systèmes l'emportera ?

Réaction équivaut à révolution. Ne vous abusez donc pas. Monsieur , la République socialiste triomphera tôt ou tard, si les majorités ne se ravisent et ne prêtent leur concours à un ordre d'idées complétement opposé à celui qu'elles parcourent.

Mais, me direz-vous, nous l'empêcherons de triompher. Oui, certes, il faut mettre obstacle à son avènement, mais par quel moyen ?

En consolidant l'état actuel des choses ? En fortifiant le racines de la réaction ? Cela par la puissance militaire ? C'est ce que vous semblez croire : vos actes révèlent cette pensée.

Or, songez-y, l'armée de 93 fut celle de l'Empire , celle de l'Empire fut celle de la Restauration , celle de la Restauration fut celle de 1830 , celle de juillet est celle de la République nouvelle !

Puis encore, les généraux créés à grands frais en Algérie par la maison d'Orléans qu'ils semblaient aimer, qu'ils aimaient, s'il les en fallait croire, sont aujourd'hui les ministres d'un régime républicain !

Il n'y a rien là que de naturel : avant tout le pays, avant tout les pouvoirs qu'il se donne ; mais si l'armée défend, elle n'empêche pas, et son devoir est d'oublier ce qu'elle n'a pu défendre.

Sur ce chapitre, pas d'illusions : remarquez qu'un homme bien autrement populaire que vous dans l'armée ; bien autrement supérieur comme capitaine, le maréchal Bugeaud placé au milieu de cent mille hommes en février, a dû laisser vaincre et tomber une royauté qu'on n'attaquait pas !

Nos armées remporteraient, sans se lasser, cinquante victoires à l'étranger ; mais à l'intérieur une seule bien complète leur suffit toujours et au-delà. Ne comptez donc pas plus sur l'armée, comme moyen de gouvernement, que vos devanciers n'eussent dû le faire, sans quoi nous nous réveillerons un jour en plein socialisme.

Mais, répliquerez-vous, je cherche à gagner du temps par la réaction, à laisser s'endormir les espérances démocratiques exagérées, pour organiser la vraie république en temps calme.

D'abord, au lieu de calmer, vous irritez ; votre prudence devient de la persécution ; toute persécution fait des martyrs ; tous martyrs font des religions, et en politique des révolutions.

Monsieur, quand vous croirez l'heure venue, vous que je crois démocrate sincère, pourrez-vous réaliser vos projets ? Les majorités en s'éloignant des origines si complexes de la révolution, n'oublieront-elles pas leurs engagements ? Ne repousseront-elles pas votre initiative dans le progrès ? Ne serez-vous pas usé sans retour ce jour-là ?

Et avant même cette heure, majorité et minorité ne se eront-elles pas déjà élancées violemment hors de l'ornière que leur creuse la réaction, pour gagner l'abîme des monarchies ? Plus un abîme est profond, plus il attire. L'anéantissement du commerce et de l'industrie, par suite de l'inquiétude qu'entretiennent dans les esprits deux camps qui s'observent, la misère et un dégoût profond pour sa cause, nous peuvent conduire à ce résultat.

La misère est de sa nature pressée d'en finir avec les privations, et il pourrait bien se faire qu'un jour cette armée destinée à contenir les populations ouvrières et ces populations tombassent subitement d'accord pour courir vers un autre but. Il ne faudrait peut-être pour cela, aujourd'hui, que le débarquement sur nos côtes de Louis-Napoléon, non plus en simple citoyen, mais en empereur.

Que feriez-vous alors, Monsieur ?

Un appel aux gardes nationales urbaines ? Elles sont lasses de l'inaction des affaires. Des campagnes ? elles appartiennent à la mémoire du destructeur de notre premier essai républicain.

L'armée cesserait de vous obéir, voyant la guerre, c'est-à-dire sa conservation dans un nom.

Eh bien ! Monsieur, si un roi quelconque montait sur le trône, ce serait pour ouvrir la porte à la République socialiste ; car quelle que fût la série de ses rejetons, de ses tenants et aboutissants, l'assassinat l'épuiserait.

De là, d'incalculables révolutions et une anarchie dans laquelle sombrerait infailliblement la société actuelle.

Ma lettre est déjà trop longue ; je continuerai demain.

M. BONNAL.

III

LETTRE AU GÉNÉRAL CAVAIGNAC.

Monsieur,

Je vous ai dit : réaction équivaut à révolution. Qu'on ne s'abuse pas, la République de M. Proudhon, combinée avec celle de M. Cabet, triomphera tôt ou tard, si les majorités ne se ravisent et ne prêtent résolument leur concours à un ordre d'idées nouveau.

Quel est cet ordre d'idées ?

C'est tout simplement la République, la vraie République, celle qui se propose la démocratie comme but, comme moyen ; le progrès dans le respect de tous les droits acquis, de toutes

les positions faites ; qui veut le gouvernement au meilleur
marché possible, la simplification de tous les pouvoirs, de
toutes les institutions, la suppression des abus, la responsabilité largement graduée, la solidarité de l'individu à la famille, de la famille à la commune, de la commune à l'État ;
qui supprime par degrés les forces en armes pour ne laisser
en action que la toute-puissance des votes nationaux ; qui
rend presque nulles les charges gouvernementales afin d'organiser sur de larges bases le crédit public, ce capital, cette
propriété des travailleurs ; qui s'approprie les innovations
utiles, autant pour s'en servir que pour ne pas les armer
contre elle ; qui réduit le gouvernement au simple rôle d'administration, et détruit ainsi une sorte de seconde nation
artificielle jetée comme un fléau sur la nation véritable pour
'épuiser ; qui organise, si ce n'est le travail, chose impossible, du moins la production, ce qui revient au même.

C'est la République, comme le disait M. de Girardin le
18 août, « qui est uniquement dirigée dans l'intérêt du plus
grand nombre, qui sait prévenir les révolutions par les réformes, qui ne transige avec aucun abus, et ne se laisse devancer par aucun progrès. »

Telle est la vraie République, et M. de Girardin la définit
par un mot d'une immense portée, que jusqu'ici aucun gouvernement n'a su comprendre, que le gouvernement actuel
semble oublier : *Celle qui prévient les révolutions par les
réformes !*

Cette République, Monsieur, n'existe encore à l'état d'organisation préparée que dans la *Presse*. Elle nous préservera
tôt ou tard, je l'espère, des catastrophes auxquelles nous
traîne le *Constitutionnel*, auxquelles nous exposerait le *Représentant du Peuple*, et, cependant, cette République ne
forme pas encore un véritable parti.

Les masses se divisent en républicains à institutions mo-
narchiques, en républicains socialistes, et constituent le tout
national. Les républicains démocrates, c'est-à-dire ceux qui
prennent la société telle qu'elle est pour la modifier sans vio-

lence, pour la régénérer sans l'anéantir, ceux-là n'existent qu'individuellement.

Je vous crois, Monsieur, l'un de ces républicains démocrates. Vous et M. de Girardin, vous marchez ensemble, mais, comme lui, vous agissez dans l'isolement sans l'auxiliaire d'un parti réel.

Que la situation empire cependant, et chaque jour elle s'assombrit ; que la perspective des troubles s'amoncelle sur la République réactionnaire, et j'ai l'espoir, vain peut-être, que pour ne pas tomber dans l'abîme du système social extrême, les majorités entreront dans les voies de la franche démocratie.

Toutefois, si elles diffèrent, en sera-t-il temps alors ?

Les révolutions se succèdent si rapidement en France, Général, que, par coquetterie, vous verrez bientôt les femmes repousser l'année et supputer leur âge par révolution.

Mais j'ai, je crois, suffisamment jalonné les périls de la situation actuelle : il faut passer à l'analyse des moyens de salut.

Je les trouve dans l'ensemble des vues et des idées organisatrices de M. de Girardin. Cet homme, qu'aucune calomnie n'a épargné, parce qu'il a plu à la Providence de le doter d'une valeur véritable et de le produire au sein des partis ; cet homme qu'estiment profondément ceux qui le connaissent, — et que lui importent les préventions de ceux qui le jugent sur le dire des ennemis mortels que lui a faits la réduction du prix des journaux ?—Cet homme n'a pas encore mis le pied dans le parlement de la République. Les électeurs ui ont préféré des médiocrités, beaucoup de nullités, des sommités réactionnaires, des socialistes avancés.

Je le félicite d'avoir été exclu, car il l'a été par la réaction et le socialisme extrême, qu'il ne pouvait servir, régimes qui ne sont point la République, mais des lettres de change tirées sur d'inévitables bouleversements.

Que son heure arrive, cependant, on verra que la hardiesse de ses conceptions n'exclut pas leur prudence, et que les ré-

volutions fatales qui détruisent ne peuvent être suspendues
que par de savantes et volontaires révolutions qui édifient !

M. BONNAL.

IV

LETTRE AU GÉNÉRAL CAVAIGNAC.

Monsieur,

Maintenant, me demanderez-vous, quelle serait la nature
et la portée de cette révolution volontaire et préservatrice?

La question est délicate en présence des essais impuissants
ou infructueux tentés depuis février par les divers pouvoirs, en face surtout de la situation actuelle des esprits et
des choses.

C'est pénétré de ces périlleuses difficultés que je deman-
dais à M. de Girardin, voilà quelques jours, s'il désespérait
de l'ordre public démocratique et de sa prospérité.

Sa réponse négative me plut par la parfaite sérénité qui la
dictait. C'est qu'en effet rien n'étonne l'inépuisable abon-
dance des idées de cet homme. Les circonstances ordinaires
le trouvent indifférent : il faut des difficultés vivantes, énergiques à son caractère créé pour la lutte, et qu'une ardente
activité pousse irrésistiblement vers les labeurs de toute ré-
organisation sociale et politique. Je crois en vérité qu'il n'espère sauver le vaisseau républicain que lorsque, sombré,
on n'apercevra plus que la pointe du mât sur les vagues.

Il me dit :

« La révolution depuis février peut être assimilée à un
bras rompu et mal remis : il faut le casser encore pour le
placer dans sa position naturelle.

» Si donc le pouvoir comprenait à fond les dangers de la
situation et ses remèdes, il commencerait par cette première

mesure qui est capitale : il demanderait à l'Assemblée une amnistie absolue.... en faveur des prévenus de mai et de juin ; en faveur des ministres du gouvernement déchu : en faveur des diverses dynasties expulsées, à la condition de leur séjour en France. Le pouvoir dirait : Ils ont tous agi en aveugles et se sont trompés, comme nous-mêmes nous nous sommes trompés depuis février : dès lors , pardon pour tout le monde !

» Cette simple, bien simple mesure prouverait la puissance et la grandeur de la République : La magnanimité est le privilége de la force. On effacerait des titres de prétendants, auxquels l'exil seul conserve des prestiges, que la résidence au sein du pays dissiperait ; la fusion des trois dynasties dans le simple titre de citoyen opérerait la fusion des partis qui leur correspondent, et la confiance avec le crédit naîtrait spontanément de cette générosité rationnelle, humaine, toute nationale.

» Une semblable mesure paraîtra ou imprudente ou violente à quelques esprits ; elle serait souveraine pour imposer la République à toutes les convictions. »

M. de Girardin m'exposa alors l'ensemble de ses idées pour fonder sur des bases solides notre régime nouveau. Je vais les grouper ici, non telles qu'il me les révéla verbalement. ce qui me serait impossible, mais telles qu'il les a écrites dans ses diverses publications.

Selon moi, après l'amnistie générale, par laquelle on devrait débuter, la production rapide dans l'État et sous forme d'institutions des principes qui vont suivre, transformerait en quelques mois la physionomie de notre France.

M. Bonnal.

PRINCIPES.

Tous les anciens partis ont perdu leur raison d'être.

La République existe, il faut qu'elle dure ; elle ne peut durer qu'autant qu'elle sera la solution pacifique des questions ajournées par le mauvais vouloir ou l'impuissance des gouvernements qui l'ont précédée.

L'ancienne société avait pour fondement l'*ordre matériel* assuré par la répression.

La nouvelle société doit avoir pour fondement l'*ordre moral* assuré par la prévoyance.

L'ère de la grande politique vient de s'ouvrir.

Sachons la comprendre, et disons-nous bien que la grande politique est plus facile que la petite.

Pour la petite, il faut infiniment de souplesse, de savoir et d'habileté.

Pour la grande, il suffit de fermeté, de bon sens et de loyauté.

En politique, désormais, la simplicité et la bonne foi feront la force et la grandeur.

Le gouvernement ne doit pas oublier un seul instant qu'il est placé entre deux partis :

Le parti qui déclare qu'il ne donne pas assez de garanties à la liberté, à l'égalité, à la fraternité ;

Le parti qui craint qu'il ne donne pas assez de garanties à l'ordre, à la paix, à la stabilité.

Quel est le moyen d'échapper à ces deux écueils ? — Quel est le moyen de désarmer ces deux partis, de les réduire à l'impuissance ? — C'est d'opérer des prodiges d'activité ; c'est de demander à l'ardent brasier du plus ardent patriotisme sa plus grande force impulsive. Donnez immensément de liberté, afin d'avoir le droit de prendre immensément de pouvoir, donnez immensément de liberté, pour fermer la bouche à la démagogie ; prenez immensément de pouvoir afin d'ouvrir les yeux à la peur.

Le 23 janvier dernier, sans remonter plus haut, nous nous exprimions ainsi :

« Quand donc, enfin, comprendrons-nous, qu'à moins de supprimer tribune parlementaire et presse périodique, l'équilibre social exige que le pouvoir pèse autant que la liberté, la liberté autant que le pouvoir ? Veut=on que la liberté soit grande et durable ? Il faut que le pouvoir soit fort et respecté. Veut-on que le pouvoir soit fort et respecté ? Il faut que la liberté soit grande et durable.

» Voilà ce que l'opposition et le gouvernement, parmi nous, ne comprennent encore qu'imparfaitement.

» L'opposition veut la liberté sans limites, et le pouvoir restreint.

» Le gouvernement veut le pouvoir sans frein, et la liberté entravée.

» Double erreur des deux parts !

» Là où le pouvoir est faible et menacé, la liberté ne saurait être large ; elle a tout à craindre de ses propres excès. Là où la liberté est sans contrepoids, le pouvoir est sans prestige. Qui pourrait envier un pouvoir avili, n'existant que nominalement ? Tous, il est vrai, pourraient le prendre sans difficulté ; mais nul ne pourrait le garder sans péril.

» Nous voulons, nous avons toujours voulu l'égalité de la liberté devant le pouvoir, l'égalité du pouvoir devant la liberté.

» Ni arbitraire ;

» Ni licence.

» Le gouvernement est une science ; comme toutes les sciences, il est soumis à la loi générale et continue du progrès.

» La liberté est un métier ; comme tous les métiers, elle est soumise à la loi rude et difficile de l'apprentissage.

» Il faut savoir pour gouverner.

» Il faut apprendre pour être libre. »

Le 7 février, revenant sur ce grave sujet, nous disions :

« La liberté a plus d'étendue que de profondeur ; on en trouve vite le fond.

» Ce n'est pas la liberté qui est dangereuse, c'est l'ivresse qu'elle donne à ceux qui en vident précipitamment la coupe.

» Toute liberté est menacée de périr par l'excès, lorsqu'elle n'a pas été précédée par l'initiation. »

Le *journal conservateur de la République française* de 1848 n'a rien à rétracter du langage qu'il a constamment tenu, alors qu'il était vraiment le seul *journal conservateur du gouvernement représentatif* de 1830.

C'est que la *Presse* a toujours été le journal du progrès.

Prouvez, prouvez que vous n'êtes pas impuissants, et nos mains seront les premières à vous applaudir, plus heureuses encore de vous applaudir que de vous aider !

Mais, au nom de la République française, ne croyez pas que pour elle le temps a ralenti sa course ; ce serait une funeste illusion. Il y a de grandes exigences : il faut y répondre par de grands efforts ; il y a de grandes questions, il faut les résoudre par de grandes idées. La République française du dix-neuvième siècle doit être un gouvernement neuf ; elle ne doit pas être un gouvernement rapiécé. Le morceau enlèverait la pièce, et ce serait à recommencer sans cesse.

Le 25 février, on a cru qu'une révolution qui s'était faite en trois heures, avec un seul mot : *Réforme !* n'était qu'une révolution politique, on s'est trompé. La révolution était sociale.

Deux hommes l'ont tout de suite jugée ce qu'elle était.

L'un, lui-même membre du Gouvernement provisoire, M. Louis Blanc ;

L'autre, principal rédacteur de la *Presse*, celui qui écrit ces lignes ;

Le premier écrivant sur le drapeau de cent mille ouvriers : ORGANISATION DU TRAVAIL ;

Le second écrivant sur le journal de cent mille lecteurs : ORGANISATION DU CRÉDIT.

Celui-là pressant l'État d'ouvrir des ateliers nationaux ;

Celui-ci pressant l'État de racheter tous les monopoles dont il n'aurait jamais dû se dessaisir ;

Tous les deux comprenant que de même qu'il n'est qu'un moyen de se rendre maître du feu qui a allumé un vaste incendie, c'est de lui faire largement sa part, de même il n'est qu'un moyen d'empêcher une révolution de tomber dans les excès, c'est de ne pas lui marchander ses droits.

EMILE DE GIRARDIN

Pourquoi une constitution ?

Depuis trois mois je me demande :

Pourquoi une constitution ?

A quoi bon ?

Ou je ne sais plus ce que j'écris, ou l'Assemblée nationale et la commission n'ont pas le droit d'en faire une.

Représentants du peuple souverain, vous n'avez pas le droit de mettre une limite à sa souveraineté. Ce droit, le mandat que vous tenez de l'élection ne vous le confère pas.

Toute constitution est par elle-même une limite.

Toute limite mise par vous à la souveraineté du peuple est de votre part, ou une condamnation du principe de la souveraineté du peuple, ou une usurpation de pouvoir, un contre-sens, un anachronisme, une puérilité, une perte de temps.

Je comprends la nécessité, l'avantage d'une constitution, là où un peuple et un roi sont en présence, là où le droit est aux prises avec la force, là où l'issue du combat est douteuse, là où une constitution a le caractère d'un pacte, d'un contrat, d'un gage, d'une transaction ou d'une réconciliation entre deux parties ; mais, je l'avoue, je ne comprends pas, je ne saurais comprendre l'utilité d'une constitution là où le peuple est victorieux, là où il est tout-puissant, là enfin où il est souverain.

A-t-on jamais vu l'esclave raccourcir volontairement sa chaîne, le torrent se construire à lui-même une digue, le coursier se forger un frein, l'aigle échanger son aire contre une cage, le roi absolu assembler spontanément ses ministres pour qu'ils aient à diminuer l'étendue de son autorité, le diamètre de sa couronne?

Toute constitution qui n'est pas une transaction est une restriction.

Pour que vous ayez le droit de restreindre la souveraineté du peuple, il faudrait que vous tinssiez ce droit d'une souveraineté supérieure à la sienne.

Or, c'est ce qui n'est pas; donc vous êtes sans qualité, sans titre, sans pouvoirs, sans mandat, pour faire ce que vous faites, pour rédiger et décréter une constitution.

Contesterez-vous ce que j'avance, nierez-vous ce que j'affirme?

Alors vous m'expliquerez comment la constitution de 1795 a pu abroger la constitution de 1793?

Alors vous me direz ce que devra faire le gouvernement que vous aurez institué, dans le cas où le peuple, déçu dans ses espérances, agirait comme s'il n'était pas lié par votre constitution?

Mais la constitution que prépare la commission ne sera pas un contrat, ce sera, dites-vous, une nouvelle déclaration des droits de l'homme et du citoyen.

Je réponds :

Là où le peuple victorieux est souverain, toute déclaration de ses droits et de ses devoirs est au moins superflue.

Une omission peut être commise; en s'abstenant d'en mentionner aucune, une omission n'est pas à craindre.

Prouver que cette souveraineté existe, est de toutes les façons de la déclarer la plus certaine.

Comment le prouver?

En l'exerçant.

Donc, au soin d'en faciliter et d'en assurer le plein exercice doit se borner la tâche de la commission et de l'Assemblée nationale.

Aller au delà ce serait outrepasser leur mandat, ce serait construire un édifice pour appeler la foudre sur lui, ce serait porter atteinte au caractère de la souveraineté nationale, en l'exposant au risque d'être taxée par l'histoire de versatilité populaire.

Toute constitution est grosse d'une révolution.

Point de constitution !

Seulement des lois, des décrets, des règlements, peu importe le mot, qui pourvoient à l'exercice de la souveraineté du peuple, de telle sorte que modifications et simplifications successives aient pour unique effet de jalonner le progrès de l'intelligence nationale et de la raison publique.

Mais, sans constitution, comment établir un gouvernement, comment limiter l'étendue de ses pouvoirs, comment marquer celle de ses devoirs, comment régler l'exercice de son autorité et de sa responsabilité ?

Rien de plus facile.

En commençant par écarter toutes les fictions, par supprimer toutes les superfétations, en ramenant le pouvoir à cette simplicité de moyens, à cette économie de forces auxquelles on reconnaît que toute grande industrie est en progrès.

ÉMILE DE GIRARDIN.

Pourquoi un pouvoir supérieur et irresponsable ?

« Dans la République française fondée le
24 février, il n'y a pas de président. »
LOUIS BLANC, 13 juin 1848.

« Simplifier. »
ÉTUDES POLITIQUES, 1839.

J'ai dit :

Pourquoi une constitution ?

J'ajoute :

Pourquoi un président ?

Sinon un président, pourquoi des directeurs ou des consuls ?

Sinon des consuls, pourquoi un comité ?

Car il faut choisir entre ces quatre modes républicains de constituer le pouvoir supérieur et irresponsable : — Comité, Consulat, Directoire, Présidence.

Un président !

Qui nommer ?

Je suppose cette première difficulté vaincue ; je suppose le président nommé : comment borner l'immense pouvoir que lui donneront deux armées, l'une composée de cinq cent mille soldats, l'autre composée de cinq cent mille commis ?

Quelles garanties assez fortes stipuler, dans un pays où la centralisation administrative n'a d'autres contrepoids que l'excès des abus et la périodicité des révolutions ?

J'attends l'Assemblée nationale à l'examen de ces questions, dès qu'il s'agira de traduire par un nom propre ce mot : *Président !*

Des directeurs ! des consuls !

J'interroge le passé, j'interroge l'histoire, j'interroge l'homme qui abolit le Directoire et créa le Consulat ; j'interroge Napoléon, j'ouvre ses Mémoires, et je lis :

« L'opinion publique fut d'abord séduite par les avantages » qui paraissaient attachés à la forme du gouvernement pres- » crite par la constitution de 1795. Un conseil de cinq ma- » gistrats ayant des ministres responsables pour l'exécution » de ses ordres, aurait tout le loisir de mûrir les affaires ; le » même esprit, les mêmes principes se transmettraient d'âge » en âge sans interruption ; plus de régence, plus de mino- » rité à craindre. Mais ces illusions se dissipèrent bientôt; on » éprouva à la fois tous les inconvénients, résultats inévita- » bles de l'amalgame de cinq intérêts, de cinq passions, de » cinq caractères divers : on sentit toute la différence qui » existe entre un individu créé par la nature et un être fac- » tice, qui n'a ni cœur, ni âme, et n'inspire ni confiance, » ni amour, ni illusion.

» Les cinq directeurs se partagèrent le palais du Luxem- » bourg et s'y établirent avec leurs familles, qu'ils mirent en » évidence ; cela forma cinq petites cours bourgeoises placées » à côté l'une de l'autre, et agitées par les passions des fem- » mes, des enfants et des valets ; la suprême magistrature » fut avilie ; les hommes de 93, les classes élevées de la so- » ciété furent également choquées, l'esprit de la constitution » était violé. *Un directeur n'était ni un ministre, ni un* » *préfet, ni un général : il n'était qu'un cinquième d'un* » *tout.* Il ne devait paraître en évidence qu'en conseil ; sa » femme, ses enfants, ses domestiques auraient dû ignorer » qu'il était membre du gouvernement. Le directeur devait » rester simple citoyen ; mais le Directoire devait être envi- » ronné des respects, de l'étiquette et de la splendeur qui » appartiennent à la magistrature suprême d'une grande na- » tion.

» ... Le Directoire n'avait pas plus de système d'admi-
» nistration que de politique extérieure ; il marchait au jour
» le jour, entraîné par le caractère individuel des directeurs
» ou par la nature vicieuse d'un gouvernement de cinq per-
» sonnes ; il ne prévoyait ni n'apercevait de difficultés que
» quand il était matériellement arrêté. »

Entre cinq directeurs et trois consuls, je ne vois de différence que celle qui existe entre le nombre 5 et le nombre 3 ;
entre un consul et un président, je n'en vois que dans les
noms.

Un comité !

De toutes les combinaisons, ce ne serait certes pas la
moins vicieuse ; aussi est-ce celle qui finalement aura le plus
de chances d'être adoptée.

Après qu'on aura commencé par débattre longuement,
très-longuement, à la tribune, tous les dangers d'une présidence, tous les inconvénients d'un directoire, ou je me
trompe fort, ou l'Assemblée nationale, par la pente naturelle des choses, sera conduite à l'adoption de l'idée d'un comité composé de quinze membres. Je dis quinze membres,
parce que l'Assemblée nationale est divisée en quinze bu-
reaux.

Chaque bureau élirait son délégué.

Les quinze délégués formeraient le comité du pouvoir
exécutif.

Vous le verrez, l'Assemblée nationale ne résistera pas au
désir de ne point se dessaisir du gouvernement, elle ne résistera pas à la crainte de le remettre en d'autres mains que
les siennes ; elle n'y résistera pas, placée entre la difficulté
de trouver un homme et la probabilité de trouver un maître !

Elle nommera donc un comité.

Ce comité sera un diminutif de l'Assemblée nationale.

Ce sera la discussion à deux degrés.

Ce sera l'impuissance organisée.

Ce sera la décadence de la France.

Mais, entre l'impuissance organisée et l'usurpation probable, l'Assemblée nationale n'hésitera pas : elle préférera l'impuissance.

Royauté héréditaire;

Royauté élective;

Consulat à vie;

Présidence à terme;

Directoire de trois ou de cinq membres;

Comité actif de délégués de l'Assemblée;

Tels sont les divers modes de constitution du pouvoir. N'en existerait-il donc pas un autre plus simple, applicable aux circonstances, aux exigences, aux défiances actuelles? N'en existerait-il donc pas un autre, qui conciliât tous les principes, donnât toutes les garanties, tranchât toutes les difficultés, simplifiât tous les rouages, écartât toutes les complications, assurât au peuple tous ses droits, laissât au pouvoir toute liberté d'initiative, et créât une responsabilité directe et efficace?

Pourquoi ne se bornerait-on pas à nommer trois ministres secrétaires d'État, ainsi que je le demande depuis dix ans?

J'ai exposé ce système avec étendue (1).

Je me bornerai donc à le rappeler très-sommairement.

Ce système repose sur ces deux principes :

Concentrer l'autorité;

Diviser le travail;

Il concentre l'autorité entre les mains de trois ministres secrétaires d'État :

Un ministre président du conseil;

Un ministre des finances publiques;

Un ministre des services publics;

Il divise le travail en le partageant entre les mains d'autant de directeurs généraux qu'il est possible de composer d'unités administratives. Le nombre en fût-il de soixante, de quatre-vingt, qu'il pourrait n'être pas trop considérable.

----

(1) ÉTUDES POLITIQUES. *Classification nouvelle des attributions ministérielles.*

J'appelle *unité administrative* toute branche de service distincte et complète, qui, isolée, forme par elle-même un entier.

Ainsi constituée, la responsabilité a deux degrés.

Le ministre répond des directeurs généraux qu'il a choisis.

Le directeur général répond des actes dont il a eu la pleine initiative.

Le ministre est aux directeurs généraux ce que le lien est au faisceau.

Régner ;

Gouverner ;

Administrer ;

De ces trois termes consacrés, je n'en retranche aucun.

Le peuple, résumé dans l'Assemblée, règne ;

Les ministres gouvernent ;

Les directeurs généraux administrent ;

Les directeurs généraux sont aux ministres ce que sont les colonels aux généraux de brigade.

Le général de brigade ou de division, en tournée d'inspection, n'intervient jamais dans le commandement ou l'administration d'un régiment que pour s'assurer que le commandement et l'administration du corps sont ce qu'ils doivent être.

Pareillement, le ministre n'intervient pas dans les rapports entre l'administré ett le directeur-général.

Le ministre peut donc donner tout son temps aux affaires du pays.

Une ligne profonde de démarcation est ainsi tracée entre l'intérêt privé et l'intérêt public.

Ce dernier seul est du domaine des ministres.

Les projets de décrets ou de règlements, les décisions importantes sont délibérés en *conseil supérieur d'administration publique.*

Les directeurs généraux composent ce conseil.

Les réunions en sont générales ou partielles, selon que l'objet de la délibération exige que tous les directeurs généraux ou seulement quelques-uns soient appelés à y assister. Chaque réunion est présidée par le ministre qui l'a convoquée, ou en son absence par le président qu'il a nommé.

Par ces discussions au sein du *conseil supérieur d'administration publique*, les directeurs généraux s'exercent à l'art d'exposer et de défendre leurs projets et leurs actes à la tribune nationale.

Les ministres, ainsi que les généraux qui commandent à des corps d'armée, ont tort lorsque personnellement ils s'exposent inconsidérément au feu du débat, il faut qu'ils se réservent pour les moments décisifs; ce n'est que dans les grandes circonstances et à la dernière extrémité, qu'ils doivent tout affronter pour sauver tout.

Les fonctions de directeurs généraux, dans ce système, sont essentiellement militantes.

Ce sont des ministres du premier degré; ce sont les contre-maîtres de l'atelier gouvernemental.

Ils sont, ils doivent être largement rétribués, afin que l'État ait la faculté de choisir des hommes capables, et ne soit pas condamné à se contenter des avortons du barreau, de la littérature, de l'industrie et du commerce.

Le salaire des ministres peut être faible ou nul, sans inconvénient, parce que les fonctions ministérielles ne doivent pas être une carrière, mais un acte de dévouement à ses idées, à ses convictions, à son pays; il n'en saurait être ainsi du salaire des directeurs généraux.

Je comprendrais parfaitement que les ministres ne reçussent aucun traitement; je comprendrais parfaitement qu'ils ne reçussent que l'indemnité allouée aux représentants du peuple; je ne comprendrais pas qu'on marchandât sur les appointements des directeurs généraux.

Alors, une dotation nationale serait la récompense des ministres qui, à leur sortie des affaires, auraient été jugés par les représentants du pays l'avoir méritée.

Les ministres seraient récompensés; ils ne seraient pas salariés !

Ou je me trompe, ou il y a dans le rapprochement de ces deux mots le germe d'une grande pensée démocratique, un principe de stabilité tout nouveau.

Moins on rendra désirable la possession du pouvoir, et plus on l'élèvera ainsi au-dessus de la région des ambitions, des cupidités et des vanités subalternes.

Si grande que l'on mesure la responsabilité ministérielle, elle ne sera jamais assez grande qu'autant qu'elle parviendra à décourager la présomption et l'intrigue.

Au sein d'une société démocratique sans frein, l'exercice du pouvoir est placé entre ces deux alternatives, ou d'exiger des dévouements sans bornes, ou de provoquer des révolutions sans fin.

Si l'on veut mettre un terme aux révolutions, on voit donc ce qu'il y a à faire :

Écarter du pouvoir tout ce qui le rend facile et attrayant;

Multiplier autour de lui tout ce qui le rend pénible et périlleux.

Je reviens aux questions que j'ai posées.

Pourquoi, sous les noms de président, de directeurs ou de comité, s'attacher à vouloir constituer un pouvoir supérieur et irresponsable ?

Où en est la nécessité, l'utilité ?

Qu'on me la démontre !

Sous la royauté constitutionnelle, qui faisait et défaisait les ministres ? — N'était-ce pas la majorité parlementaire ?

Selon que la majorité se déplaçait, le pouvoir changeait de mains.

Finalement, d'où sortaient les ministres ? — D'un vote.

La royauté constitutionnelle n'avait d'autre fonction que de recueillir, de traduire, d'exécuter les arrêts du scrutin.

Est-ce donc là une fonction essentielle, un rouage indispensable ?

Deux révolutions, à dix-sept ans de distance, sont des faits qui montrent ce qu'il faut penser de l'inviolabilité royale garantie par la responsabilité ministérielle, de l'avantage des fictions et de la bonne foi des partis.

Qu'on ne me parle plus de la nécessité, de la solidité d'un rouage qui se brise au plus faible choc, qui n'est à l'épreuve d'aucune résistance.

Par cette maxime consacrée : le roi règne et ne gouverne pas, un roi constitutionnel ne devant rien faire, que fera de moins un président de la République?

Je le demande.

S'il n'a pas d'autre fonction que celle de changer les ministres au gré de la majorité, n'est-il pas tout aussi simple que les ministres se retirent d'eux-mêmes après l'avoir perdue, et laissent la place à leurs rivaux victorieux dans le débat, et naturellement désignés par le vote?

Cela tranche les questions de savoir si le président sera élu pour trois, quatre ou cinq ans ou à vie, s'il sera élu par la nation ou par l'Assemblée?

Cinq ans de présidence, c'est trop peu si le président élu a justifié la confiance mise en lui, s'il a prouvé qu'il était à la hauteur de sa tâche. Trois ans, si peu que ce soit, c'est trop encore, s'il a déçu les espérances fondées sur son caractère et sa capacité, s'il a révélé qu'il fût au-dessous de sa mission.

Pourquoi assigner une durée fixe à ce qui n'en doit pas avoir?

Dans le système que je propose, l'Assemblée élit au scrutin le président du conseil

Le président du conseil choisit ses deux collègues, le ministre des services publics et le ministre des finances publiques.

Les ministres maintiennent ou changent les directeurs généraux.

Le conseil garde le pouvoir pendant tout le temps qu'il conserve la majorité.

De la sorte, la nation n'est jamais condamnée à subir une incapacité démontrée, ou une ambition dévoilée.

La nation n'est jamais responsable que du choix de ses représentants.

Une seule chambre suffit, élue tous les ans.

Une seconde chambre serait sans objet ; quelque part qu'on en prenne les éléments, on n'en trouverait pas assurément qui valussent ceux du *conseil supérieur d'administration publique.*

Tel que je le comprends et tel que je l'ai décrit (1), le rôle de ce conseil aurait une grande importance.

A deux discussions effleurées, je préfère une discussion approfondie.

La clarté et l'autorité des discussions, la dignité et l'intérêt du pays n'auraient qu'à gagner, si, sans rétrécir la base du suffrage universel, le nombre des représentants était diminué.

Un représentant élu par circonscription de cent mille habitants, ce serait assez. Au-dessous de ce chiffre de cent mille habitants, il serait à craindre que l'élu ne retombât sous la dépendance de l'électeur : considération importante à peser.

Autre considération non moins importante. Dans une assemblée de 900 représentants, c'est la nullité qui domine, c'est la médiocrité qui fait, en réalité, la loi.

Dans une assemblée de 360 représentants environ (2), le nombre des médiocrités et des nullités étant moindre, le mérite et le savoir seraient plus en relief.

L'Assemblée serait plus facile à présider et à diriger.

On perdrait moins de temps ; on ferait plus de travail, et on le ferait meilleur.

On le voit, je reste fidèle au mot qui m'a toujours serv de guide : *simplifier.*

(1) Voir *Classification nouvelle des attributions ministérielles.*

(2) Le gouvernement d'un sénat de 100 ou 200 personnes, comme celui d'Athènes, de Sparte, de Rome, de Venise, de Gênes, est préférable. Il y a débat, discussion, et plus de *solidité* dans les pensées, les principes, les affections. •

NAPOLÉON : *Autographe précédant ses conversations religieuses.*

Je ne me dissimule pas cependant que ces idées que j'é-
mets commenceront par rencontrer peu de sympathies et
par soulever une multitude d'objections ; c'est le sort de
toute idée qui porte juste et loin.

Je me résume :

Point de constitution ; car la souveraineté de fait est là
meilleure garantie de la souveraineté de droit, cette garantie
dispense de toute autre.

Des décrets ou des règlements successifs ; car il est pru-
dent de ne laisser à aucun nuage le temps de s'amasser, à
aucune question le temps de s'aggraver.

Une seule chambre, peu nombreuse, mais élue tous les
ans ; car l'élection annuelle est le plus sûr moyen de déjouer
les complots, d'anéantir les sociétés secrètes, de prévenir les
révolutions périodiques.

Point de pouvoir supérieur et irresponsable ; car tout pouvoir supérieur et irresponsable est placé entre ces deux
écueils : demeurer inutile ou devenir absolu.

Un conseil composé de trois ministres responsables ; car
le pouvoir pour être fort doit être concentré.

Le président de ce conseil, élu par l'Assemblée nationale,
et résumant en lui tous les moyens de contrôle, de surveillance et d'émulation ; relations extérieures ; police générale ;
télégraphes ; statistique universelle ; encouragements publics
et récompenses nationales.

Trois sous-secrétaires d'État, remplissant les fonctions d'o-
rateurs du gouvernement ; car les trois ministres secrétaires
d'État doivent être le moins souvent possible détournés du
rôle important qui leur est assigné dans cette organisation,
où ils représentent l'action, l'idée, l'initiative.

Des directeurs généraux en aussi grand nombre que le
nécessitera et le permettra le principe de la division du travail, appliqué à la centralisation administrative ; car le travail ne saurait être trop divisé.

Réunion des trois ministères et de toutes les directions
générales dans un même édifice, vaste Louvre administratif

qui renfermerait, conformément au plan que j'en ai fait dessiner en 1840, les trois administrations des Télégraphes, des Postes et de l'Imprimerie nationale ; et dont l'une des faces pourrait être celle du palais de l'Assemblée législative.

Peut-être trouvera-t-on ces derniers détails minutieux ; mais les détails sont à toute bonne organisation ce que les racines sont à l'arbre. Sans l'étendue et la profondeur de ses racines, le chêne séculaire ne résisterait pas à la violence des ouragans.

Le 24 février 1848, le gouvernement de 1830 n'eût pas été renversé d'un souffle, si, au lieu d'un drapeau inutile flottant au-dessus du dôme des Tuileries, un poste télégraphique (véritable attribut de la souveraineté) y avait été placé ; si l'espace occupé par les canons et les caissons encombrant la place du Carrousel l'avait été par les casses et les presses de l'imprimerie royale, si quelques minutes avaient suffi pour tirer à un grand nombre les proclamations écrites lentement à la main. Dans un atelier où le travail est bien ordonné tout est prévu, et l'on n'y dédaigne aucune des dispositions matérielles propres à l'améliorer et à le faciliter.

Presque toujours, les plus grands effets sont dus aux plus petites causes.

Les événements les plus important sont ceux qui se décident le plus vite. Tout doit donc être organisé en conséquence de cette vérité acquise et tant de fois démontrée, qu'on s'étonne d'avoir encore à la rappeler.

Le Pouvoir est un mot qui ne signifie rien, s'il ne signifie pas la possession centralisée de tous les instruments propres à transmettre rapidement l'ordre suprême.

J'entends sans cesse répéter cette banalité : « *Il faut de l'unité dans le pouvoir.* »

Qu'est-ce que cela veut dire ?

Si cela ne signifie pas : « *souverain absolu,* » cela ne signifie rien.

C'est une expression vide de sens ; c'est une illusion dangereuse.

Ce qu'il faut, c'est l'unité dans l'administration.

L'*unité dans le pouvoir*, c'est l'unité de nom.

L'*unité dans l'administration*, c'est l'unité de fait.

Sachez constituer l'unité de fait, l'unité dans l'administration, et vous n'aurez plus besoin de créer aucun pouvoir supérieur et irresponsable.

ÉMILE DE GIRARDIN.

Famille et Fraternité par la Solidarité.

Désarmement.

Organisation du travail par suite des deux précédentes mesures, par l'organisation du crédit public et par celui de la production.

La société a trois degrés : la famille, la commune, l'État.

De même la solidarité a trois degrés : le nom de ses parents, que l'on porte, le lieu du département où l'on est né, le drapeau de la patrie, qui suit partout le Français pour le couvrir et le protéger.

Graduelle, cette solidarité est réciproque.

Elle anéantit l'individualisme, qui trop longtemps a recruté et peuplé les bagnes et les prisons.

La famille est pécuniairement et civilement responsable de la conduite de chacun de ses membres vis-à-vis de la commune ; la commune, vis-à-vis de l'État, comme l'État est responsable de la conduite de ses nationaux à l'égard de tout gouvernement étranger.

Toutes les prisons, ces écoles où la prévention se traduit en apprentissage funeste, où le délit s'ingénie au crime, où le crime s'exerce à se surpasser ; toutes les prisons sont fermées.

La peine de mort est abolie.

Trois peines seulement sont conservées :

Dommages-intérêts mis à la charge de l'individu ; à défaut de l'individu, à la charge de la famille ; à défaut de la famille, à la charge de la commune ; à défaut de la commune, à la charge de l'État.

Dégradation civique ; perte en tout ou en partie des droits civils et politiques.

Bannissement à temps ou à perp étuité.

Tous les enfants abandonnés par leur mère sont à la charge de la famille ; à défaut de la famille demeurée inconnue ou dénuée de toute ressource, à la charge de la commune ; à défaut de la commune trop pauvre, à la charge de l'État.

Solidarité commune et surveillance mutuelle ; telle est la double loi de la police nouvelle, de la seule qu'une nation grande, fière et libre, puisse désormais avouer.

« Trêve un instant aux citations de M. de Girardin. Le principe qui précède est incontestablement la plus grande et la plus féconde pensée produite dans notre siècle. A Paris, cent mille intelligences l'ont trouvée dans *la Presse* : elle est passée inaperçue ! bien qu'ayant pour mission de régénérer la société.

Aujourd'hui, ni famille, ni lien moral entre les divers membres de la nation : chacun se renferme en soi et s'isole. Cet amour de soi, si ardemment exclusif, est la négation d'autrui, dès lors, la dissolution sociale.

En vue et par l'effet de ce désastreux égoïsme, la révolution de février a posé le problème suivant : *Conciliation de la propriété et du prolétariat.* Il est lancé, on ne l'oubliera plus. Pour le résoudre :

M. Proudhon nie la propriété ;

M. Louis Blanc fait appel à une fraternité sans croyances religieuses, dès lors chimérique ;

M. Pierre Leroux invoque des principes qu'il ignore ou n'ose avouer ;

M. de Lamartine prononce de pompeux discours sans conclusions ;

M. de Girardin produit la solidarité, et la constitue en dogme social et religieux.

A défaut de la fraternité religieuse qui unisse les cœurs et cimente les intérêts, où trouver un remède?

Pour mon compte, je l'ai cherché en vain quinze années durant. Afin d'effrayer l'homme moderne sur les résultats sociaux de son égoïsme, j'ai écrit à vingt-trois ans un livre affreux dont le seul effet a été de me conduire devant les assises de la Seine en 1842.

Mais M. de Girardin, par l'un de ces éclairs d'intelligence communs aux hommes de sa trempe, a résolu le problème.

Que trouvons-nous dans la société? Des riches et des pauvres. Le riche s'isole, le pauvre est délaissé.

Quel est le caractère principal de l'individu?

L'amour de soi;

L'amour de l'argent.

Ces deux éléments de destruction, indestructibles eux-mêmes, quels que soient les efforts du socialisme, qui ne dispose d'aucune croyance nouvelle, M. de Girardin les tourne à la reconstitution de la famille, à la conservation de l'ordre social.

Quoi de plus efficace, en effet, et surtout de plus socialement pratique que cette pensée? Quoi de plus moralement préventif? Quoi de plus paternellement répressif que cette solidarité légale? Quoi de plus propre à naturaliser la fraternité morale dans l'âme humaine, par l'habitude obligatoire de son exercice, que ce lien solidaire, que cet immense faisceau d'ancres jetées du faîte de l'État au sein de tous les cœurs?

La famille répond pécuniairement de ses membres. — Les familles ne s'ignorent plus de riche à pauvre : elles se resserrent, se surveillent, se secourent. La misère étant l'origine d'une foule de fautes et de crimes, tout homme aisé s'enquerra de ceux des siens exposés aux ravages de la pauvreté. Il s'occupera de l'éducation, puis du développement d'une carrière pour ses proches.

A défaut d'une famille solvable, la solidarité passe à la commune. — Par suite, quelle admirable police sur l'éducation, sur les mœurs, sur les moyens de vivre de la part de celle-ci, afin de prévenir des fautes dont elle répondrait, et qui presque toujours résultent de ces deux plaies sociales : misère, ignorance !

De là, acheminement vers l'extinction du paupérisme, que seconderait encore l'organisation du crédit et de l'emprunt public, de l'impôt et de l'amortissement de la dette hypothécaire. Or, extinction du paupérisme équivaut à organisation du travail dans l'ordre d'idées de M. de Girardin.

De là, reconstitution de la famille, unité nationale physiquement et moralement.

De là, plus de cette écume que les prisons et les bagnes bavent incessamment sur la société pour gangrener ses plus saines parties.

De là, disparution de cette plaie propre à toutes les sociétés dans tous les temps : les enfants abandonnés, les enfants trouvés.

En m'exposant cette face préservatrice du principe de solidarité étendu de la famille à la commune, de la commune à l'État, M. de Girardin a eu des larmes dans les yeux. Puissent-elles féconder sa pensée et les tarir à la paupière de cette foule d'infortunes que l'impuissance des institutions vouait forcément à naître.

En définitive, et ceci est grave, la réalisation de cette solidarité légale, en assurant l'éducation de famille, l'instruction qui vient après, coupe court aux révolutions par les armes, et livre le progrès à la seule impulsion morale : première conquête. En second lieu, l'armée devient sans objet ; son utilité résultant plutôt, à cette heure, des nécessités de l'intérieur que de l'extérieur : suppression ; économie de 350 millions. Gain pour l'agriculture de 150 millions par suite des bras que dès lors on lui conserve : 450 millions. Ces deux considérations valent bien la peine qu'on y songe, surtout si on ajoute au chiffre qui précède les pertes incalculables qui occasionnent les révolutions, même les meilleures.

Je le répète, dans le principe de solidarité posé par M. de Girardin, je trouve le berceau et le sceptre des sociétés nouvelles. »

La solidarité, c'est la fraternité.

La fraternité des peuples, c'est la paix; c'est le respect de toutes les nationalités, c'est la force désarmée par le droit.

La France le comprend ainsi. Aussi, reléguant à l'histoire la prudence créée à l'usage du passé, et donnant des gages à l'avenir, la France n'hésite-t-elle pas à réduire de moitié le chiffre de son effectif militaire à l'intérieur.

Par cette mesure, sans exemple au lendemain d'une révolution, la France prouve deux choses :

Qu'elle ne veut pas la guerre !

Qu'elle ne la craint pas !

Pourquoi la voudrait-elle ? — Pour reprendre des frontières qui lui ont été enlevées? A quoi bon des frontières entre peuples qui se tendent la main? C'est s'éloigner au lieu de se rapprocher. C'est agir en sens contraire de l'œuvre pacifique qu'accomplissent les chemins de fer et la navigation à vapeur, ces deux agents de l'unité européenne, et, plus tard, de l'unité universelle.

Pourquoi la craindrait-elle ? — La France, désarmant ainsi, se donne pour armées invincibles les ardentes sympathies de tous les peuples, se soulevant tous à l'envi contre les gouvernements qui seraient assez aveugles ou assez téméraires pour entreprendre de marcher contre elle, d'opposer le drapeau de la royauté qui tombe au drapeau de la civilisation qui se lève.

Effaçons du dictionnaire français le mot *Guerre ;* remplaçons-le par celui de *République.* La République française voulant la paix est plus forte que toutes les monarchies européennes voulant la guerre. Disons-nous cela, et persuadons-nous-le bien, car c'est cette conviction qui nous sauvera.

Mais, contre l'interruption du travail causée par la sus-

pension des payements, la restriction des crédits, le retrait
des commandes, la rareté de la vente, aggravée encore par
l'augmentation des salaires et la diminution de la durée de
la journée de travail; contre un tel état de choses si grave,
qui expose le gouvernement à se trouver en présence d'une
multitude d'ouvriers sans ouvrage, de fabricants ruinés, de
banquiers éperdus, quelles armes, quelles garanties, quelles
ressources avons-nous? — Nous avons les excellentes intentions d'un gouvernement improvisé, et conséquemment
inexpérimenté; les théories d'écrivains, conçues en dehors
de toute pratique et contredites par les faits; le zèle enfin
d'une garde nationale épuisée par les veilles et la fatigue, dé-
tournée du soin de ses affaires, quand ses affaires réclame-
raient tous ses soins. Nous ne parlons plus de l'armée; désormais, il ne faut pas songer à l'employer ailleurs qu'à la
défense de nos frontières, si nos frontières étaient attaquées.
Insensés seraient ceux qui songeraient désormais à répondre par la mitraille et les balles à l'ouvrier qui ferait en-
tendre ce cri : « Du travail ou du pain ! vivre en travaillant
ou mourir en combattant ! »

L'armée n'a pas été *vaincue* le 24 février, comme armée;
elle a été *condamnée* comme institution. Trois heures ont
suffi pour prouver, une seconde fois, que les gouvernements qui s'appuyaient sur la force militaire, dans un pays
où 80,000 citoyens sont appelés, chaque année, à passer
sous les drapeaux, s'appuyaient sur la plus dangereuse et la
plus fragile de toutes les illusions. Trois heures ont suffi
pour prouver que ces seuls cris : *Vive la ligne ! vive la
liberté !* suffisaient pour triompher moralement de l'armée la plus brave ainsi recrutée ! Trois heures ont suffi
pour donner raison à nos prévisions tant de fois exprimées.
L'ordre a besoin de garanties, nous le reconnaissons; mais
il faut les chercher ailleurs que dans les institutions militaires; il faut chercher ces garanties dans les institutions
de crédit, d'épargne et de prévoyance.

La République, qui commence par la dictature, ne finira

pas, nous l'espérons, par le despotisme. Elle fondera si largement toutes les libertés, qu'il n'y aura plus lieu de s'occuper d'elles. On s'arrangera pour souffrir le moins possible de l'excès de ces libertés, comme on s'arrange pour souffrir le moins possible de l'intempérie des saisons mauvaises ou des climats rigoureux. Dans toutes les hypothèses, désormais, il faut donc mettre la liberté hors de cause, et ne plus songer à fonder l'ordre, en écornant la liberté.

Le régime de l'ordre par la compression est fini; le régime de l'ordre par l'expansion commence.

Dans ce régime, ce qu'il faut, ce ne sont plus des arsenaux qui s'encombrent, mais des banques qui escomptent, des fabriques qui ne se ferment pas, des débouchés qui s'étendent, des consommateurs qui se multiplient.

L'entretien d'une armée qui coûte à la France 360 millions par an, est un crime de l'ignorance et de la peur contre le travail, le crédit, l'impôt, le contribuable, la société.

La civilisation, c'est le faisceau de toutes les libertés.

Il faut que tous les peuples s'entendent; car il est une grave question qui resterait insoluble sans un accord commun : — la question du travail.

Un congrès européen peut seul donner à la déclaration des droits du travailleur l'efficacité sans laquelle cette déclaration n'aboutirait qu'à un leurre, à une déception, à un désastre, à une révolution terrible, qui engloutirait libertés et civilisation, et ferait rétrograder le monde de toute la distance que l'intelligence humaine a mise entre elle et la force aveugle.

ISOLÉMENT, la France et son gouvernement ne sauraient utilement, par un décret, réduire le nombre des heures de travail, et augmenter le taux des salaires. Ce ne serait pas une solution définitive, ce serait une concession temporaire et funeste.

La question du travail a quatre termes inséparables :
Produire ;
Consommer ;

Acheter ;
Vendre.

Dès que le prix des objets de consommation s'élève au-dessus d'un niveau qui se règle de lui-même, comme celui de la mer, la consommation se retire comme aux heures du reflux ; les magasins s'encombrent, les prix s'avilissent, les épargnes s'épuisent, les bras se croisent, les estomacs s'affament, la perturbation s'aggrave par la misère, la misère par la perturbation.

Raccourcir empyriquement la journée de travail d'une ou de plusieurs heures, ce serait s'exposer à diminuer la quotité du travail, qu'il importe, au contraire, essentiellement d'accroître, afin que le travail, mieux réparti, ne manque à aucun bras valide.

La juste répartition du travail, c'est l'extinction de la mendicité, cette dartre invétérée que la main de Henri IV et la main de Napoléon se sont efforcées de panser, mais qu'elles n'ont pu sécher.

Comment la guérir ? — Non par un spécifique, mais par un régime.

Quel régime ?

Des actes publics sont dressés à plusieurs époques de la vie civile : à l'époque de la naissance, de la célébration du mariage, du tirage prescrit par la loi du recrutement, et du décès.

Toutes les fois qu'on veut voyager, même à l'intérieur, un passeport est exigé par les autorités.

Toutes ces pièces isolées, sans lien entre elles, sont remplacées par une seule, intitulée : *Inscription de vie.*

Chaque enfant qui naît ajoute une page au GRAND LIVRE DE LA POPULATION.

Tout Français y a son compte ouvert, à partir du jour de sa naissance, jusqu'au jour de son décès.

Ce compte est constamment tenu à jour ; il est complet et détaillé : origines, professions, vices apparents de conformation, il relate tout, il coordonne tous les actes successifs qui demeureraient isolés.

Chaque commune a ses deux volumes : 1° *Hommes;* 2° *Femmes.*

Le gouvernement a-t-il besoin de connaître combien de Français âgés de vingt ans ont atteint la taille requise pour le service militaire, ou combien exercent telle profession, ou dans quelle proportion s'accroît, dans une durée moyenne de temps, le nombre des aliénés, des aveugles, des sourds-muets, etc. ? Il lui suffit d'ordonner qu'à un jour fixé toutes les colonnes désignées soit additionnées.

LE GRAND-LIVRE DE LA POPULATION a pour garantie de son existence et de son exactitude, des moyens de conservation et de contrôle.

Lui-même sert de contrôle à une multitude d'opérations.

Il fait connaître avec une rigoureuse précision :

La population valide ;

La population non valide, aisée ou indigente ;

Il établit l'état des personnes ;

Il fait enfin de cette partie de la statistique nationale une vérité au lieu d'un mensonge ;

Il donne un pendant au cadastre, ce GRAND-LIVRE DE LA PROPRIÉTÉ, ayant pour supplément le GRAND-LIVRE DE LA DETTE HYPOTHÉCAIRE, qui est à créer aussi, mais dont l'administration de l'enregistrement possède tous les éléments.

Ainsi quatre grands-livres qui se complètent et qui sont une œuvre commune :

I. GRAND-LIVRE DE LA POPULATION.

II. GRAND-LIVRE DE LA PROPRIÉTÉ.

III. GRAND-LIVRE DE LA DETTE PUBLIQUE.

IV. GRAND-LIVRE DE LA DETTE HYPOTHÉCAIRE.

Ces quatre pierres angulaires de l'édifice social posées, on peut déjà entrevoir comment l'ordre succédera au chaos, la clarté à l'obscurité, le savoir à l'empyrisme ; comment le gouvernement sortira de l'ornière où il est menacé de verser, pour s'acheminer sur une route meilleure ; quels éléments concourront à dresser une mercuriale du travail ; quel complément exigeront nos institutions de bienfaisance et de prévoyance ; — hospices spéciaux, hôpitaux communs. maisons de refuge, crèches, salles d'asile, ouvroirs, etc., etc. ; — quelles réformes devront subir nos impôts, pour donner à la population plus de bien-être, à la consommation plus d'élan, au travail plus d'activité, à l'agriculture une fertilité qui ne se laisse pas devancer par l'accroissement continu de la population, au crédit foncier ses véritables bases.

Le nom d'impôt est destiné à disparaître du vocabulaire de la politique nouvelle.

Il ne doit plus y avoir dans l'avenir de *contribuables* ; il ne doit plus y avoir que des *assurés*.

Le gouvernement sera l'*assureur*.

Ayant dans ses mains tous les moyens de contrôle efficace, il assurera contre les risques les emprunts hypothécaires, c'est-à-dire qu'il empruntera aux capitalistes, pour prêter aux propriétaires, et donnera de la sorte à ceux-ci le moyen de se libérer, sinon entièrement, du moins d'alléger le poids de la dette qui écrase l'agriculture, et de s'affranchir de cette tyrannie, qui pour être individuelle, n'en est pas moins implacable : la tyrannie de l'usure.

Il assurera contre les risques d'incendie, contre les pertes par suite d'épizooties, contre les désastres provenant de la grêle ou des inondations.

Il assurera dans certains cas de vie ; car développer les habitudes d'épargne et de prévoyance, c'est améliorer la condition commune et accroître la somme de garanties données à la sécurité publique.

Le principe de l'assurance ainsi compris est un levier nouveau, dont toute la puissance, faute d'un point d'appui suffisant, ne s'est encore qu'imparfaitement révélée.

Dès que l'État ne sera plus que le grand assureur national, tous les rapports changeront de peuple à gouvernement ; car tout assuré qui porterait atteinte à la chose publique se porterait atteinte à lui-même ; tout assuré qui ne serait pas véridique dans sa déclaration s'exposerait à perdre d'un côté ce qu'il espérerait gagner de l'autre. Toute déclaration mensongère tombe dans le domaine de l'exception ; le contrôle s'établit de lui-même. Il n'y a de contrôles certains que ceux qui s'établissent ainsi par l'équilibre de deux intérêts opposés.

Ce n'est pas assez pour notre gouvernement d'avoir changé de forme ; il aspire encore à changer d'esprit. .

Il était répressif, il sera tutélaire.

Nous dépensons follement des sommes considérables à entretenir des armées exorbitantes et des vaisseaux de guerre inutiles, pourquoi ? — Pour protéger tous notre indépenpance qui n'est menacée par aucun. Dépense insensée, qui appauvrit les peuples sans enrichir les États !

Au lieu de fondre des canons et des boulets, de fabriquer des fusils, d'arracher à la charrue les bras les plus vigoureux, d'étioler les populations par le recrutement et par la guerre ; ne ferions-nous pas mieux d'achever de toutes parts nos routes, nos canaux et nos chemins de fer destinés à transporter gratuitement le travailleur valide, du point où l'ouvrage manque, à l'endroit où l'ouvrage abonde ?

Au lieu de construires de superbe vaisseaux de ligne, qui coûtent d'immenses sommes, et qui sont hors de service avant que l'éventualité en vue de laquelle ils ont été construits se soit réalisée , ne ferions-nous pas mieux tous d'améliorer nos ports et nos côtes, afin de rendre moins périlleuse la navigation marchande ?

Pourquoi le congrès européen qui, un jour ou l'autre, sera appelé inévitablement à délibérer sur les graves questions que soulève l'amélioration des classes ouvrières, ne déciderait-il pas que le moment est venu pour toutes les nations de n'avoir plus de force militaire que celle nécessaire au maintien de l'ordre, et déterminée par le chiffre de la population de chaque État ? Pourquoi ne compléterait-il pas son œuvre en déclarant que chaque nation n'entretiendra plus désormait de bâtiments de guerre que proportionnellement au chiffre des bâtiments de sa marine marchande, que tous ces bâtiments de guerre formeront en commun une assurance mutuelle de secours contre les pirates et les forbans, et autres risques maritimes ?

Peuples et gouvernements, ne dites pas que ce sont là des illusions ressuscitées du tombeau dans le délire d'une révolution dont le cratère fume encore ! Avant que les chemins de fer, la navigation à vapeur, le télégraphe électrique fussent inventés ; à une époque où les questions de territoire étaient principales ; où les questions d'industrie et de commerce n'étaient pas mêmes secondaires ; où dans les balances du monde un roi pesait plus que son peuple ; où les provinces et les royaumes s'apportaient en dot ; où l'esprit de conquête et les guerres de succession remplissaient toutes les pages de l'histoire ; où l'épée était souveraine ; où le crédit n'avait pas encore fondé son empire ; avant ce temps, la paix européenne a pu, avec une apparence de raison, être traitée de chimère, non pas que l'idée de Henri IV ne fût juste, mais parce qu'elle était prématurée.

D'autres temps sont venus.

L'immense développement des travaux publics ; les exigences de bien-être chaque jour plus nombreuses et plus impérieuses ; la nécessité de donner à tout enfant, dans les limites de son intelligence, l'instruction voulue pour qu'elle acquière par la culture, la plénitude de sa maturité ; à tout travailleur valide du travail ; à tout travailleur non valide et indigent des secours ; à tout serviteur de l'État sa juste rémunération ; le devoir de passer le niveau sur les inégalités trop fortes qui existent entre les populations urbaines et les populations rurales, d'améliorer les conditions de la salubrité, de faciliter toutes les communications, de multiplier les canaux de la consommation ; tous ces droits de la démocratie, toutes ces dettes de la civilisation, imposent aux États des obligations sous le poids desquelles on les voit partout fléchir.

Le crédit est aux forces industrielles ce qu'est la force motrice dans une usine. Que cette force se ralentisse, tout se ralentit ; que cette force s'arrête, tout s'arrête ; que cette force fasse explosion, tout est brisé.

Pour se former une idée juste des nations modernes, ce n'est plus l'histoire qu'il faut ouvrir, c'est une grande manufacture qu'il faut étudier. Une grande manufacture résume toutes les questions : — Éducation, travail, concurrence, émulation, économie, crédit, banque, épargne, prévoyance, inconduite, misère, consommation, marchés, débouchés, transports, protection de l'industrie, liberté du commerce.

Sans doute, cela est prosaïque, mais cela est vrai. Qui le nierait, s'abuserait étrangement et nous mènerait à notre perte.

De toutes parts que vient-on demander à l'État ?— Vient on lui demander de la poudre, des baïonnettes, des soldats? Non ; on vient lui demander une assistance pécuniaire ; on s'adresse à lui pour qu'il concoure activement à créer des facilités d'escompte qui empêchent le travail de s'interrompre, de s'arrêter. Cete pensée presque exclusive est générale ; elle se formule ainsi : — Comment empêcher les ouvriers de manquer de trevail, comment empêcher les banques de se mettre en liqnidation, comment empêcher les effets publics de se discréditer, comment empêcher la confiance de se changer en effroi et en inertie ?

Ce n'est pas l'argent qui manque à la France pour solder toutes les dépenses utiles, désintéresser toutes les exigences légitimes, faire honneur à ces trois lettres de change tirées sur elle et déjà tant de fois protestées : *Liberté, égalité, fraternité*. Non, ce qui a manqué à la France, à cet admirable pays, ce qui lui manque, c'étaient des hommes d'ordre. qui comprissent la liberté ; ce sont des hommes de liberté qui comprennent l'ordre dans sa plus haute, dans sa plus large acception.

Turgot disait : « Donnez-moi cinq ans de despotisme, et » la France sera libre. » Nous disons : Cinq jours de dictature suffiraient pour que la France fût à jamais heureuse et grande !   EMILE DE GIRARDIN.

LA BOURSE.

22 mai.

A M. Garnier-Pagès, ministre des finances.

Le mercredi 23 février, la Bourse a fermé sur les cours suivants :

5 0/0......................................	116 75
3 0/0	74 10
Banque de France............................	3,180 »
Chemins de fer. — Orléans.................	1,18 »
— Rouen..................	863 »
— Nord..................	542 50

Le mercredi, 7 mars, après douze jours de clôture, la Bourse s'ouvrait sur les cours ci-après :

5 0/0.......................	97 50	Baisse	19 25
3 0/0......................	18 »	—	16 10
Banque de France...........	2,400 »	—	780 »
Chemins de fer. — Orléans..	1,000 »	—	185 »
— Rouen..	550 »	—	313 »
— Nord ...	390 »	—	152 »

Aujourd'hui lundi 20 mars, la Bourse a fermé ainsi qu'il suit :

5 0/0...................	72	»	Baisse	44	75
3 0/0...................	54	»	—	23	10
Banque de France........	1,650	»	—	1.530	»
Chemins de fer. — Orléans.	690	»	—	495	»
— Rouen..	415	»	—	448	»
— Nord...	337 35	—		205	»

Des rapprochements qui précèdent, je me propose de tirer cette conclusion et cette preuve, que je n'avançais rien qui ne fût rigoureusement vrai et qui n'ait été pleinement confirmé par les faits, lorsque je soutenais :

Que l'amortissement était impuissant contre une panique ou contre toute circonstance grave, pour arrêter la chute des fonds publics :

Que les paris sur la hausse ou la baisse des effets publics, interdits et punis par la loi, n'avaient ni l'utilité, ni l'efficacité que se plaisaient à leur attribuer ceux qui prétendaient, contrairement à mon opinion, que ces paris soutenaient le conrs des effets publics, et le faisaient constamment s'élever ; que, sans ces paris, l'État, lorsqu'il aurait besoin de contracter un emprunt, ne trouverait plus de prêteurs ; qu'avec ces paris, au contraire, l'État était toujours certain de pouvoir emprunter.

L'État a ouvert un emprunt national de cent millions ; verse-t-on ? — Non. — Cependant l'amortissement a été maintenu, et les paris à la hausse ou à la baisse des effets publics, bien que contraires à la loi ;

Un souffle a suffi pour faire tomber la fiction de l'inviolabilité royale ; il faut que le même souffle achève d'emporter toutes les fictions et tous les priviléges, de quelque nature qu'ils soient.

En conséquence, je demande de la manière la plus formelle :

La suppression de l'amortissement, qui complique le budget de l'État et enlève à l'impôt 25 millions par an ;

La fermeture de la caisse d'amortissement, ce qui sera une économie ;

L'application rigoureuse des articles 421 et 422 du Code pénal, qui interdisent et punissent les paris sur la hausse ou la baisse des effets publics ;

La conversion des *agents de change* en *agents du Trésor*, rétribués par l'État, ayant un traitement fixe et prêtant GRATUITEMENT leur ministère pour l'achat, la vente et le transfert des effets publics ;

La délivrance D'INSCRIPTIONS DE UN FRANC DE RENTE ;

L'émission de *billets à rentes*, destinés à remplacer les *bons royaux ;*

La conversion au choix, soit en inscriptions de rente 3 0/0 à 50 francs, soit en billets à rente, des bons royaux en circulation, des cautionnements en dépôt, et de tous les fonds qui constituent, à quelque titre que ce soit, la dette flottante ;

Enfin, le rachat par l'État, payables au choix, soit en inscriptions de rente 3 0/0, soit en billets à rente, de toutes les grandes lignes de chemins de fer concédées, des canaux, des concessions de mines, des fabriques de sucre de betterave et des exploitations de sel provenant, soit de l'extraction, soit de l'évaporation.

Les motifs sur lesquels se fonde cette demande formelle sont des motifs d'urgence. Je vais les exposer le plus sommairement que je le pourrai. Vous suppléerez facilement aux détails et aux omissions.

Je demande la suppression immédiate de l'amortissement, parce que c'est un ressort faussé par la loi et condamné par l'expérience ; parce qu'il n'y a pas de raison pour qu'on amortisse du 3 0/0 de préférence à du 5 0/0, ou du 5 0/0 de préférence à du 3 0/0 ; parce que toute somme employée, en ce moment, en achats de rentes par la caisse d'amortissement, est une somme dérobée à l'impôt, au préjudice du Trésor et au profit de la peur.

Je demande la fermeture et la liquidation de la caisse d'amortissement, parce que ce sera une économie, et que toute économie est urgente dans la situation de nos revenus, inférieurs à nos dépenses.

Je demande l'application des articles 421 et 422 du Code pénal, en me fondant sur des considérations qui portent la date de 1843, et qu'il serait trop long de reproduire ici.

Je demande la conversion des *agents de change* en *agents du Trésor*, parce qu'il est important, nécessaire, urgent, de DÉMOCRATISER l'inscription de rente ; le moyen est tout simple ; il suffit de la mettre sans frais à la portée de tout ce qui désire acheter et de tout ce qui a besoin de vendre.

Je demande la délivrance d'inscriptions de UN FRANC de rente, parce que l'État a tout intérêt à voir l'artisan laborieux, l'employé modeste, le domestique économe devenir RENTIERS, dès qu'ils peuvent disposer de 15 à 20 francs pour acheter, soit UN FRANC de rente 5 0/0, soit UN FRANC de rente 3 0/0. Tout citoyen est devenu électeur ; il faut que tout contribuable puisse devenir rentier. Ce sera avec les INSCRIPTIONS D'UN FRANC DE RENTE qu'on relèvera rapidement le cours. Que l'on adopte cette idée si simple, et dans le mois qui en suivra l'adoption, le 3 0/0, qui est à 50 francs, remontera rapidement à plus de 60 francs.

Je demande la création de billets à rente, de 100 à 10,000 fr., émis par l'État, parce que le billet à rente est un effet qui manque depuis longtemps à la circulation. Je crois l'avoir démontré (1). C'est un fait qui n'est plus contesté. Les *billets à rente* seront les *bons royaux* DÉMOCRATISÉS. Les bons royaux doivent disparaître et doivent être remplacés par les billets à rente à l'intérêt de 3 fr. 65 par

(1) Moyen d'exécution des grandes lignes de chemin de fer par l'Etat. *Bons de chemins de fer à* **3** fr. **65**. — **1839**.

an, un centime par jour. En raison de l'élévation actuelle de l'intérêt, les premières émissions qui seraient faites de billets à rente auraient lieu en affectant 1 fr. 35 à la constitution de lots qui seraient tirés dans la même forme et avec les mêmes garanties que les lots des obligations de la ville de Paris.

Je demande la conversion au choix : soit en inscriptions de rente 3 0/0 à 50 fr., soit en billets à rente, de tous les fonds qui constituent, à quelque titre que ce soit, la dette flottante, parce que l'État désormais ne doit plus avoir en circulation un seul titre exigible à échéance fixe. Ce principe financier doit être déclaré de salut public.

Je demande l'expropriation pour cause d'utilité publique, avec INDEMNITÉ PRÉALABLE, et à de justes conditions, des chemins de fer, des canaux, des mines, des fabriques de sucre de betterave, et des exploitations de sel. Je demande que cette expropriation ait lieu sans retard, parce qu'il est urgent de créer du travail, du travail qui ne soit pas ruineux pour les finances de l'État et humiliant pour la dignité du travailleur ; or, le travail est humiliant pour la dignité du travailleur lorsque ce travail est du temps et de la peine perdus ; lorsqu'il n'a qu'un terme, le *salaire*, au lieu de ces deux termes qu'il doit toujours avoir ; d'un côté, *salaire*, de l'autre côté, *produit*. Je demande que cette expropriation ait lieu sans retard, parce qu'il est urgent que le nombre des travailleurs sans ouvrage qui affluent à Paris, attirés par la prime que leur donnent les mairies, diminue au lieu de s'accroître ; c'est un flot qui peut tout engloutir. Je demande que cette expropriation ait lieu sans retard, parce qu'il est important, autant dans l'intérêt de la conservation de l'ordre à Paris, que dans l'intérêt de l'augmentation de la richesse en France, que le cours des travaux publics soit repris activement, que tous nos chemins de fer s'achèvent, que tous nos canaux se terminent et se relient, afin que la *vie à bon marché* passe de la pompe des programmes dans le domaine des faits. Je demande que cette expropriation ait lieu, parce qu'il est urgent de prévenir des collisions terribles, trop faciles à prévoir au centre des grandes exploitations de mines. Je demande enfin que cette expropriation ait lieu sans retard, parce qu'il importe de donner à notre commerce qui souffre, à notre marine qui dépérit, une issue par laquelle ils puissent échapper à la ruine.

La suppression des octrois qui font obstacle à la consommation, et enchérissent la vie du travailleur, a été solennellement promise ; elle sera inévitablement comprise dans la réforme financière dont vous avez annoncé que vous vous occupiez ; c'est le motif pour lequel je n'insiste pas de nouveau sur cette suppression, qu'il eût été, dans l'intérêt de la consommation, d'une bonne et intelligente politique d'ordonner tout de suite, en remplaçant l'octroi par une taxe additionnelle aux quatre contributions directes, ne portant que sur les cotes s'élevant au-dessus d'un *minimum* fixé.

EMILE DE GIRARDIN.

L'AMORTISSEMENT ET L'EMPRUNT.

23 mars.

A. M. Louis Perrée, directeur du Siècle.

Vous vous exprimez ainsi dans un article du *Siècle :*

« Quant à l'amortissement, nous n'entendons pas le sup-
» primer ; nous voulons substituer un mode à un autre. Nous
» l'avons dit et nous le répétons : un pays qui emprunte
» toujours, sans jamais rembourser, marche forcément à
» une banqueroute tôt ou tard inévitable. »

En ce moment, où la question financière a tant d'importance, je ne saurais laisser passer, sans la réfuter de nouveau, une erreur, permettez-moi le mot, que je n'ai pas
cessé de combattre.

Vous n'entendez pas, dites-vous, supprimer l'Amortissement !

A quoi sert l'Amortissement ?

Pourriez-vous le dire ?

Quand les cours sont élevés, dès qu'ils dépassent le pair,
l'Amortissement cesse d'agir ; il n'amortit plus.

Quand les cours, au contraire, tombent violemment, alors
que ce serait pour l'Amortissement le moment, ou jamais,

d'agir énergiquement, afin d'arrêter la chute des cours et d'en profiter, l'Amortissement *ne le peut pas*, il n'amortit plus. Preuves : Ce qui se passe à la Bourse depuis le jour où elle a cessé d'être fermée.

La Caisse d'amortissement a fait racheter du 3 0/0. Pourquoi cette préférence donnée au 3 0/0 ? Pourquoi cette inégalité devant la loi ? Est-ce que tous les fonds, 5, 4 1/2 et 4 0/0 ne sont pas tous au-dessous du pair, aussi bien que le 3 0/0 ? Est-ce que tous ces fonds n'ont pas des droits égaux à la dotation de 1 0/0 ?

La raison pour laquelle vous entendez garder l'Amortissement, « *e'est* — dites-vous — *qu'un pays qui emprunte tou-* » *jours, sans jamais rembourser. marche forcément à une* » *banqueroute tôt ou tard inévitable.* »

Je regrette qu'un journal aussi répandu que le *Siècle*, qui est destiné à faire pénétrer la lumière dans les esprits, se rende l'écho d'un lieu commun d'autant plus dangereux à accréditer qu'il est spécieux, et qu'à ne le juger que sur l'apparence, il est facile à prendre pour la vérité même.

Il faut distinguer :

Oui, un pays qui emprunterait à échéances fixes, soit sous la forme d'émission de bons royaux ou d'annuités, d'aliénation des versements de caisses d'épargne ou des dépôts de cautionnements, soit sous toute autre forme analogue, et qui ne rembourserait jamais, marcherait forcément à la banqueroute.

Mais il en est autrement, quand un pays emprunte sans terme de remboursement, quand il émet des inscriptions de rente perpétuelle. S'il fait des fonds qu'il emprunte ainsi un judicieux emploi, loin de s'obérer, il se libère ; loin de s'appauvrir il s'enrichit ; il s'enrichit, comme s'enrichit la maison de banque qui ne reçoit d'argent en compte-courant qu'à 3 0/0, et qui ne le prête qu'à 5 0/0, augmenté d'un quart de commission, ensemble 7 0/0. A-t-on jamais dit des grandes maisons de banque, que plus l'argent abondait ainsi dans leur caisse, et plus elles s'obéraient ? Non, certes;

dans ce cas, que font-elles? Lorsque l'argent est trop abondant, au lieu de le recevoir en compte-courant à 3 0/0, elle ne le reçoivent plus qu'à 2 1/2, qu'à 2 0/0; il arrive quelquefois même qu'elles n'en veulent plus recevoir à aucun taux. Inutile de dire que ce n'est pas en ce moment.

Plus avantageusement placé que les maisons de banque, lesquelles sont toujours sous le coup des demandes fortuites de remboursement, l'État, qui n'a pas ce risque à subir, possède deux moyens de se libérer :

1° Par l'excédant des recettes sur ses dépenses, s'il sait limiter ses dépenses et accroître ses recettes ;

2° Par la réduction successive de l'intérêt :

Il ne faut pas perdre de vue que l'État reçoit un *capital* et n'est tenu à donner, en échange, qu'une *rente*, puisqu'il ne s'oblige pas de rembourser le capital. Exemple : l'État a emprunté 750 millions de capital contre 30 millions de rentes 3 0/0 émises à 75 fr. Tel est le degré auquel se sont élevées la prospérité du pays et la confiance de son gouvernement, que le 3 0/0 a atteint le pair, c'est-à-dire 100 fr.; que fait alors l'État? Il profite de ce que la situation est bonne pour dire à ses prêteurs : Choisissez entre le remboursement de votre capital accru de 25 0/0, ou la réduction de votre intérêt diminué, soit de 1/2, soit de 1 0/0. Si les rentiers, c'est-à-dire les prêteurs, préfèrent la réduction de l'intérêt au remboursement du capital, dans ce cas l'État est dégrevé de toute la partie de la rente qu'il n'aura plus à servir ; soit dix millions, si la réduction est de 1 0/0, soit cinq millions seulement, si la réduction n'est que de 1/2 0/0 ; en d'autres termes, au lieu de trente millions d'arrérages, l'État n'aura plus à payer que 20 millions dans un cas, ou 25 millions dans l'autre.

Si, au contraire, les rentiers (ce qui est sans exemple dans les pays où les réductions d'intérêts ont eu lieu par l'effet naturel de l'élévation du crédit) préféraient le remboursement de leur capital accru de 25 0/0, puisqu'ils recevraient 100 francs pour 3 francs de rentes, bien qu'ils n'aient versé primitivement que 75 francs, qu'importerait à l'État ? — Ce n'est pas l'État qui paye ces 25 0/0 d'augmentation de capital; ce sont les nouveaux prêteurs qui vienn nt prendre la place des anciens. L'État change seulement d prêteurs. Il avait des prêteurs qui lui avaient prêté à 4 0/0 (3 0/0 à 75 francs repr sentent 4 0/0), il en trouve qu consentent à lui prêter à 3 1/2 ; il s'en sert pour se libérer de 1/2 0/0; plus tard, il en trouve d'autres qui lui offrent de l'argent à 3 0/0, et s'en sert encore pour se libérer de 1/2 0/0, et ainsi successivement. Tout le monde y gagne, et l'État n'y perd rien. C'est le propre et l'avantage de la hausse. A la Hausse, tout le monde gagne, il n'y a que quelques joueurs qui perdent. A la Baisse, tout le monde perd, il n'y a que quelques joueurs qui gagnent.

L'État ne doit donc pas se laisser arrêter par la crainte d'émettre un fonds au-dessous du pair, puisque ce n'est pas lui qui paye la différence, puisque, encore une fois, il a tout à gagner à la hausse et rien à y perdre. Je raisonne ici dans l'hypothèse de la suppression de l'amortissement. Quand l'État émet un fonds au-dessous du pair, que fait-il ? — Il exerce sur les prêteurs une double action ; il agit premièrement par l'influence de l'intérêt qu'il leur offre ; deuxièmement par l'attrait de l'accroissement du capital qu'il leur laisse entrevoir et leur permet d'espérer. Ainsi, quand il émet du 3 0/0 à 75 fr., c'est absolument comme s'il leur disait :

Vous aurez d'abord 4 0/0 de votre argent ;

Puis, les 75 fr. que vous me versez vaudront un jour 100 fr. — Augmentation de votre capital 25 fr. !

Cela admis, on comprend que plus l'État laisse de distance entre le pair et le taux d'émission, et plus l'action qu'il exerce sur le prêteur est grande. La seule objection, il n'y en a pas d'autre, est celle-ci : plus cette distance est grande, et plus l'époque se trouve éloignée où l'État pourra, par l'offre de remboursement, provoquer la réduction de l'intérêt.

L'État n'est pas *débiteur du capital*, puisqu'il n'est jamais tenu de le rembourser ; il n'est *débiteur* que de *la rente* : voilà ce dont il importe de se bien pénétrer.

Que l'État doive cinq ou dix milliards, peu importe ; l'important, c'est la rente qu'il a à servir. Il vaudrait mieux pour lui qu'il dût dix milliards à 2 0/0 que cinq milliards à 5 0/0. Cinq milliards à 5 0/0 coûteraient aux contribuables 250 millions par an, dix milliards à 2 0/0 ne lui coûteraient que 200 millions de loyer.

La France doit (dette consolidée) :

Rentes 5 0/0. 146,152,528
    —   4 1/2 0/0. 1,026,600
    —   4 0/0. 26,507,375
    —   3 0/0. 81,267,117

Que notre crédit se relève, et l'intérêt s'abaissera. Que l'intérêt s'abaisse, et l'État se libérera successivement par la réduction de l'intérêt, en enrichissant successivement tous ses prêteurs.

La perpétuité de la dette consolidée est une admirable invention, une merveilleuse puissance ; le plus grand reproche, à mes yeux, que méritent les ministres déchus, c'est d'avoir affaibli cette merveilleuse puissance ; c'est de l'avoir mise en péril par l'exagération de la dette flottante, de la dette à capital exigible. Que cette leçon nous serve pour l'avenir.

Désormais, plus de dette à capital exigible !

Si le 24 février ne nous avait pas surpris avec une dette à capital exigible ; si un décret du gouvernement provisoire, — agissant comme le frein sur la locomotive dans les pentes, — avait déclaré que toutes les échéances de banques et du commerce seraient prorogées de trois mois, que les sommes versées en compte-courant ne pourraient être réclamées avant ce terme de trois mois, que toutes les poursuites en expropriation profiteraient de ce délai ; sans doute le choc que cause toute révolution n'eût pas été entièrement évité, mais ce n'eût été qu'un choc, ce n'eût pas été l'explosion, la fracture, la ruine des établissements de crédit les plus utiles, des plus solides maisons de banque. Les ateliers ne se fussent pas rouverts tout de suite, mais les comptoirs ne se fussent pas fermés.

La crise ne serait pas ce qu'elle est, ce qu'elle menace de devenir, si tous les instants ne sont pas mis à profit, si l'on ne se hâte de prendre les mesures les plus énergiques.

Pas une seule économie, si ce n'est celle du payement de la liste civile, n'a encore été faite.

Des sommes considérables sont absorbées chaque jour par les travailleurs sans travail, auxquels on fait retourner de la terre pour la peine de la retourner.

Les détenteurs de matière première, telle que le coton, préfèrent la garder que de la vendre payable en effets impossibles à escompter.

Cette situation ne peut se prolonger sans tout ébranler, sans tout renverser, ordre et liberté, gouvernement provisoire et gouvernés !

Que toutes nos voix s'unissent pour qu'un terme soit mis à cette situation, qui a déjà trop duré ; que toutes nos voix s'unissent pour demander que l'on n'ajoute pas au poids écrasant des dépenses exagérées un surcroît de dépenses stériles, car, sur cette pente, l'État arriverait vite à la banqueroute. C'est de ce côté qu'il faut la surveiller ; elle n'est pas à craindre du côté où vous la regardez venir.

Loin de perdre la France, c'est l'emprunt qui la sauvera. La France est le point d'appui, l'emprunt est le levier ; il ne manque plus que la main qui sera assez forte pour le mettre en mouvement.

L'emprunt est appelé à changer de forme et à devenir le prêt. L'emprunt sera l'instrument de rédemption qui doit racheter le passé au nom de l'avenir, réconcilier le prolétariat avec la propriété, unir le capital et le travail.

Autant vaudrait maudire la vapeur que médire de l'emprunt.

E. DE GIRARDIN.

4.

Que toute somme au-dessus de 100 fr. soit productive
d'intérêt ;

Que cet intérêt soit facile à décompter ;

Que tout citoyen étant électeur, TOUT CONTRIBUABLE
PUISSE DEVENIR RENTIER ;

Qu'il ne lui en coûte rien pour acheter, ni pour vendre,
ni pour transférer ;

Telle est, en quelques lignes, la réforme financière se
proposant pour but et devant avoir pour effet de *démocratiser le crédit public.*

Que cette réforme soit accomplie, *que le billet à rente*
soit adopté, et un nouveau crédit sera fondé : LE CRÉDIT
D'ÉTAT.

Ce ne sera plus l'État qui empruntera, ce sera l'État qui
prêtera.

Il prêtera *indirectement* au commerce et à l'industrie par
l'entremise des banques et comptoirs d'escompte.

Il prêtera *directement* à la propriété, en se substituant à
l'hypothèque ; il se substituera tout naturellement à l'hypothèque, en donnant à la propriété qui emprunte au taux
moyen de 7 p. 0/0, des billets à rente avec lesquels elle rem-

boursera l'hypothèque : d'abord les prêts que l'État fera à la propriété seront à raison de 5 p. 0/0, ce sera déjà 2 p. 0/0 qu'elle y gagnera ; plus tard il pourra lui prêter à 3 fr. 65, si cet intérêt suffit à l'émission des billets à rente, et qu'il ne soit plus besoin de recourir à la puissance auxiliaire du tirage des lots. Le jour où la propriété ne sera plus dévorée par l'usure, où elle sera l'égale de l'industrie et du commerce devant l'escompte, ce jour-là l'agriculture, qui ne marche que d'un pied, aura deux ailes et prendra son essor. Le jour où la propriété, affranchie de l'hypothèque individuelle, sera en grande partie le gage de l'État, et, par suite, le gage de tous les rentiers sur *inscription de rente* ou sur *billet à rente*, ce jour-là la propriété étant l'hypothèque de tous, ne se croira plus menacée, car elle ne pourra plus l'être.

Est-ce compliqué ? — Assurément non. Est-ce d'une application difficile ou d'un succès douteux ? — Ce n'est ni plus douteux ni plus difficile qu'il ne l'était, avant la crise actuelle, de faire circuler des acceptations Rothschild frères. Longtemps la Banque a été l'État ; c'est au tour de l'État d'être la Banque.

SIMPLES QUESTIONS.

Étant créées :

Des inscriptions de rente *trois pour cent* à 50 francs présentant ces deux avantages :

1° Placement de son argent à l'intérêt de 6 p. 0/0 ;

2° Perspective du doublement de son capital ;

Des *billets à rente* tels que ceux que nous proposons d'émettre présentant ces deux avantages :

1° Placement de son argent à l'intérêt de 3 francs 65. Un centime par jour ;

2° Perspective de gagner au tirage annuel un lot pouvant s'élever de 100 francs à 100,000 francs (1).

---

(1) Si l'on suppose que l'État émette un milliard de billets à rente, — intérêt à 5 p. 0/0 ; qu'il paye, sous forme d'*intérêt*, 3 fr. 65, et qu'il capitalise, sous forme de *lots*, 1 fr. 35, il aura 36,500,000 fr.

Croit-on que les détenteurs de *bons du Trésor* ne s'empresseraient pas de les convertir soit en inscriptions de rente *trois pour cent* à 50 francs, soit en *billets à rente?*

Croit-on que les titulaires de cautionnements n'accepteraient pas avec reconnaissance la conversion?

Croit-on que les déposants à la caisse d'épargne, placés dans la catégorie des déposants de 101 à 1,000 francs, ne se presseraient pas pour avoir des billets à rente qu'ils pourraient toujours mettre en circulation, le besoin échéant?

Croit-on que les actionnaires des chemins de fer, des canaux, tous les intéressés, enfin, dans les entreprises qu'il importe à l'intérêt public de reconstituer en monopoles de l'État, ne considéreraient pas cette conversion opérée, après arbitrage, comme la branche d'arbre les sauvant du naufrage?

Si nous nous abusons, que les plus forts, que les plus habiles nous combattent et le prouvent.

LE PAPIER-MONNAIE.

La République proclamée en France le 21 septembre 1792 a commis des excès; donc la République proclamée le 24 février 1848 commettra les mêmes; la République est tombée une première fois, donc la République aura une seconde fois le même sort; telle est la conclusion rigoureuse qu'il faudrait tirer de l'article du *Constitutionnel*, qui se fait de l'abus et de la dépréciation des *assignats* un argument contre l'emploi et la valeur du *papier-monnaie.*

De ce qu'on a abusé d'une chose, s'ensuit-il que l'on n'en doive plus user? De quoi n'a-t-on pas abusé? — De la Mo-

d'*intérêts* à servir et 13,500'000 fr. de *lots* à tirer, qui pourraient être répartis ainsi :

10	lots de	100,000	francs.	1,000,000
50	—	40,000	—	2,000,000
100	—	20,000	—	2,000,000
2,000	—	1,000	—	2,000,000
6,000	—	500	—	3,900,000
35,000	—	100	—	3,500,000

Lots : 43,160   Francs : 13,500,000

narchie et de la République, de la paix et de la guerre, de la gloire et de la richesse, de l'honneur et de la cupidité. Quel est le ressort qu'on n'ait pas faussé? Quel est le levier qu'on n'ait pas brisé?

Aujourd'hui le passé ne saurait plus être un argument ni pour ni contre rien. Ce n'est plus dans sa mémoire, c'est dans sa raison qu'il faut puiser ses motifs. Ce qui, en d'autres temps a échoué, réussira, ce qui a réussi échouera. Les plus utiles inventions ont commencé par être condamnées au nom de l'expérience, avant que l'expérience subît la peine du talion. L'expérience est le manteau sous lequel se drape et se cache l'ignorance d'une époque.

Rayons donc de notre dictionnaire le mot *assignats*; laissons-le dormir dans l'histoire, où il précède ceux-ci : *émigration, échafaud, guerre, massacres*, etc. Les hommes sérieux s'attachent à la chose et non au mot. En réalité, est-ce que les *inscriptions de rente* ne sont pas un papier-monnaie? est-ce que les *bons du trésor* ne sont pas un papier-monnaie? est-ce que les *billets de la Banque de France* et de ses comptoirs ne sont pas un papier-monnaie? est-ce qu'en Angleterre, en Autriche, en Prusse, dans toute l'Europe, la France à peu près seule exceptée, le papier-monnaie n'a pas pris la place du numéraire? Mais, en France, on se défie du papier-monnaie. La belle raison! Ce doit être un motif pour combattre cette défiance si elle est excessive et aveugle. Les écrivains, surtout ceux de la presse périodique, ont, si je ne me trompe, pour tâche et pour devoir, non d'entretenir les erreurs, mais de les détruire. Nous sommes les pionniers du peuple; c'est à nous à lui frayer la route, à la lui élargir, à l'aplanir, à en combler les ornières, de telle sorte qu'il la puisse parcourir en toute sûreté sans danger d'y verser.

Qu'avons-nous proposé?

Avons-nous proposé d'émettre des billets à rente pour précipiter l'État dans l'inconnu de la guerre ou de l'industrie, pour fonder des ateliers sociaux, ou accroître encore le nombre de nos arsenaux? — Non. Loin de demander qu'on augmentât notre effectif militaire, nous avons, sans hésiter, demandé qu'on le réduisît; nous avons dit que le vent des révolutions serait tel en Europe, qu'il éteindrait le feu de la guerre si l'on tentait de l'y allumer; nous avons insisté et nous insistons encore sur la nécessité et l'urgence d'économies radicales. Nous n'avons pas engagé le gouvernement, alors qu'il fléchit sous le poids d'un fardeau déjà trop lourd pour ses épaules, à aggraver inconsidérément, inopportunément, la charge qu'il est impuissant à porter. L'inhabileté de l'État est attestée par la périodicité des révolutions. Nous n'avons pas demandé à un aveugle de conduire un borgne.

Nous nous sommes bornés à proposer que les billets à rente, agissant par la double puissance d'un intérêt certain, facile à décompter, combiné avec la chance aléatoire de gagner des lots tirés au sort, fussent émis dans des limites telles, qu'en réalité ce ne fût pas une ÉMISSION, mais une CONVERSION.

L'État délivrant des billets à rente contre des bons du trésor : — Conversion.

L'État délivrant des billets à rente ou des inscriptions de rente 3 0/0 à 50 fr. aux déposants des caisses d'épargne placés dans la catégorie des dépôts de 101 à 2,000 fr. : — Conversion.

L'État délivrant des billets à rente ou des inscriptions de rente 3 0/0 aux titulaires de cautionnements : — Conversion.

L'État délivrant des billets à rente ou des inscriptions de rente 3 0/0 aux actionnaires des chemins de fer : — Conversion.

L'État délivrant des billets à rente ou des inscriptions de rente 3 0/0 aux actionnaires des canaux : — Conversion.

L'État délivrant des billets à rente ou des inscriptions de rente 3 0/0 aux concessionnaires et actionnaires des mines : — Conversion.

L'État délivrant des billets à rente ou des inscriptions de

rente 3 0/0 aux fabricants de sucre de betterave : — Conversion.

L'État délivrant des billets à rente ou des inscriptions de rente 3 0/0 aux extracteurs et évaporateurs du sel : — Conversion.

L'État délivrant des billets à rente à la propriété pour l'aider à se libérer, et prenant ainsi lui-même la place de l'hypothèque : — Conversion. Qu'y a-t-il donc là de pareil aux émissions d'assignats?

L'État, en agissant ainsi, ne *dépense* pas, il *échange;* il donne un *titre* et reçoit un *gage.* La bonté du gage fait la valeur du titre.

Si la somme des billets à rente s'est élevée, c'est que l'actif social représenté par elle s'est accru. Il n'y a donc pas lieu de s'en préoccuper.

Le billet à rente rend inutiles les caisses d'épargne. C'est un rouage de moins.

Le billet à rente créant des revenus nouveaux, crée de nouveaux consommateurs.

Le billet à rente simplifie une multitude de transactions rendues difficiles ou coûteuses par les frais de transport et le poids du numéraire.

Le billet à rente assure la propriété en la mobilisant; il aide à expulser l'hypothèque qui la ronge.

Le billet à rente donne à l'industrie et au commerce un essor nouveau, en arrachant l'hypothèque à son sommeil, et en la forçant de concourir, sous un autre nom et sous une autre forme de placement, à l'augmentation de la richesse publique.

Le billet à rente facilite la solution de la grave question des travailleurs, en la ramenant sur son véritable terrain, l'union du *travail* et du *crédit.*

Le billet à rente, c'est tout simplement le principe et la puissance du *warrant* franchissant la limite des *docks,* s'universalisant, ayant pour gage l'État, l'État ayant à son tour pour gage toutes les valeurs acquises ou entreposées par lui.

Le billet à rente ou la lettre de gage, c'est donc le *warrant social*.

Le billet à rente peut sauver l'avenir et racheter le passé.

Attendra-t-on pour le comprendre que le présent soit perdu ?

UNE IMMENSE OBJECTION.

Ce que M. Émile de Girardin propose est bon et serait efficace :

Abolition de l'AMORTISSEMENT ;

Inscription d'UN FRANC DE RENTE ;

Émission de BILLETS A RENTE ;

Achat, vente et transfert de rentes GRATUITS ;

Reconstitution de certains MONOPOLES.

Pourquoi donc ne l'adopte-t-on pas ?

Parce que c'est lui qui le propose.

Est-ce qu'en même temps qu'il le propose il s'impose ? Nullement ; il ne demande rien et n'apparaît jamais ; sans la *Presse*, on saurait à peine s'il existe.

D'où naît donc l'objection ? — C'est qu'un gouvernement ne peut pas paraître se mettre à la suite d'un homme.

L'objection n'est pas neuve ; elle a traîné longtemps dans les salons et dans les antichambres de MM. Guizot et Duchâtel, qui ont trouvé qu'il valait mieux que le gouvernement se mît clandestinement à la suite de.... Ayons la générosité de ne pas rappeler les noms !

Le pouvoir a beau changer de mains, il est donc toujours le même ! Même dédain, même aveuglement, même vertige, même impuissance, même haine de tout ce qui ressemble à une idée, de tout ce qui aboutit à une solution, même fausse dignité.

Les ministres n'ont pas le temps de travailler ; ils l'avouent, ils le déclarent, mais ils ne tolèrent pas qu'on travaille pour eux. Ils n'admettent pas qu'on ait d'autres idées que les leurs. Soit ; mais alors qu'ils en aient donc !

ÉMILE DE GIRARDIN.

L'OPTIMISME ET LA MISÈRE.

27 mars.

Lorsque, sans motifs, l'on trouve en haut que tout va bien, il est rare qu'en bas on n'ait pas raison de se plaindre que tout va mal.

Travailleurs de tous états et de tous rangs, êtes-vous d'avis que les trente jours écoulés du 24 février au 25 mars aient été aussi fructueusement employés qu'ils auraient pu, qu'ils auraient dû l'être?

N'y avait-il rien de mieux à faire que des proclamations sans nombre couvrant tous les murs; que des discours sans fin débordant les colonnes de tous les journaux; que des circulaires sans mesure irritant tous les esprits, alarmant tous les intérêts; que des promesses prodiguées sans être assuré des moyens de les tenir?

D'où vient qu'aujourd'hui, 26 mars, la confiance est moins grande qu'il y a un mois, le 25 février, et que la rente 5 0/0, après avoir baissé de 20 francs le 7 mars, a baissé encore de 33 francs, total 53 francs?

En regard des dépenses qui ont été considérablement augmentées, peut-on citer une seule économie importante qui ait allégé le poids du budget de l'État?

La dette hypothécaire peut être évaluée de 10 à 12 milliards ; nous avions donc raison, lorsque, il y a quelques mois, parlant de la loi électorale , qui avait à cette époque le cens pour fondement, nous disions que la Chambre des députés ne représentait pas la propriété , mais représentait l'hypothèque.

Le Gouvernement provisoire, qui a frappé la propriété d'un surcroît d'impôt, doit-il y faire concourir l'hypothèque? C'est là une grave question. Si nous ne consultions que notre première impression , nous répondrions *non*, comme nous avons répondu *non* à toutes les questions posées en ces termes : « *Faut-il soumettre à l'impôt les inscriptions de rente?* » Non, — avons-nous répondu, — parce que l'État imposant les inscriptions de rente qu'il délivre s'imposerait lui-même.

Le crédit est un ressort qu'on ne saurait trop se garder d'affaiblir, car il fait expier cruellement plus tard les coups qui lui ont été portés. Tout ce qu'on lui a retiré violemment, il le reprend plus tard impérieusement ; il a toujours sa revanche. C'est là ce que l'on ne doit pas oublier.

Le crédit hypothécaire, tel qu'il existe, repose sur de mauvaises bases ; il faut le transformer ; il ne faut pas le violer. Le moyen de le transformer serait tout simple. Il suffirait aux échéances fixées par les contrats, d'autoriser la propriété à rembourser l'hypothèque en billets à rente délivrés par l'État.

La propriété y gagnerait la différence entre l'intérêt qu'elle payait à l'hypothèque et l'intérêt réduit qu'elle payerait à l'État.

L'État y gagnerait de faire circuler de toutes parts ses billets à rente et de donner à l'impôt, quelque soit désormais son nom, *impôt sur le revenu*, ou autrement, une garantie rigoureuse de sincérité, un contrôle qui serait une sanction.

Le propriétaire serait placé dans cette double sanction :

Comme contribuable, il aurait intérêt à réduire la valeur de sa propriété ou de son revenu, afin de n'avoir à payer que l'impôt le plus réduit ;

Comme emprunteur, il aurait intérêt à exagérer la valeur du gage, afin d'assurer, à tout événement, la faculté d'emprunt la plus étendue;

L'impôt contrôlant ainsi l'emprunt, l'emprunt contrôlant ainsi l'impôt, l'infidélité des déclarations faites par les propriétaires serait l'exception, la sincérité serait la règle.

Nous sommes dans un moment où il n'y a plus que ce que l'on s'était accoutumé à considérer comme sensé qui ait cessé de l'être. Il ne faut pas regarder derrière soi, sous peine d'être pétrifié, comme la femme de Loth qui fut changée en sel pour s'être retournée. Il faut regarder devant soi et regarder intrépidement, sans abaisser le regard à ses pieds; car, abaisser le regard, ce serait attirer à soi le vertige.

Qu'on ne dise pas que ce que nous avons proposé est trop hardi; avant peu de temps, si l'on ne se hâte, ce sera trop timide. Comme la royauté, qui a perdu la couronne pour n'avoir pas proclamé assez tôt la régence, la propriété est tenue, aujourd'hui, de puiser dans les circonstances qui sont graves, éminemment graves, un esprit nouveau.

Le Gouvernement peut encore sauver la Propriété, la propriété peut encore sauver le gouvernement; mais déjà ce sera plus difficile aujourd'hui, 27 mars, qu'il y a un mois, le 27 février! Si on hésite à recourir aux moyens de crédit les plus énergiques, qu'arrivera-t-il? Il arrivera que pour avoir voulu échapper à la douleur de l'amputation, on périra par la gangrène.

Il faut choisir entre l'organisation du crédit, telle que nous la comprenons, donnant à la consommation un nouvel essor, ou l'organisation du travail, tarissant la consommation, telle que la comprend M. Louis Blanc. C'est notre dernier mot sur ce sujet. A qui s'armera du passé contre nous, nous nous armerons contre lui de l'avenir.

Émile de Girardin.

DU BUDGET.

1847.

Ce qu'il est, ce qu'il devrait être.

Avec des budgets bien employés, on créerait le monde.
(NAPOLÉON, *paroles rapportées par le
général Montholon.*)

M. de Cormenin a défini le budget en ces termes :

« Un livre qui a un pied carré de superficie sur six
» pouces d'épaisseur, ce qui s'appelle un beau et fort vo-
» lume. — Un livre qui fait rire quelques-uns et pleurer
» presque tous. — *Un livre de vie* pour les rois, leurs con-
» seillers et leurs fonctionnaires ; *un livre de mort* pour les
» contribuables. —Un livre qui *pétrit les larmes et les sueurs*
» *du peuple pour en tirer de l'or.* — Un livre qui tarit les
» sources de la production. — Un livre qui absorbe les capi-
» taux de l'industrie et de l'agriculture. — Un livre qui im-
» pose le travail au profit de l'oisiveté. »

L'écrivain qui s'exprime ainsi, qui fait de son talent un
si déplorable abus, qui pervertit le peuple au lieu de l'éclai-
rer, est bien coupable ; mais le gouvernement qui, dans son
impardonnable nonchalance, laisse imprimer et répandre à
vil prix de pareils écrits sans les combattre, sans les réfuter,
l'est encore plus ; car enfin l'auteur n'a de compte à rendre

qu'à sa conscience, tandis que le ministre est responsable de tout le mal qu'il peut prévenir et qu'il n'empêche pas de se produire au sein de la société !

Chaque exercice nouveau voit s'élever le chiffre des dépenses publiques. Où donc ce chiffre s'arrêtera-t-il ? Cette progression continue n'aura-t-elle de terme que la ruine du peuple et la banqueroute de l'État ?

« L'Empire, dit-on, se bornait à demander aux contribuables :

1,450 fr. par minute;

87,500 fr. par heure;

2,100,000 fr. par jour;

62,500,000 fr. par mois;

750,000,000 fr. par an.

» Sous la Restauration, la France était arrivée à payer :

1,935 fr. par minute;

116,655 fr. par heure;

2,800,000 fr. par jour;

83,333,335 fr. par mois;

1,000,000,000 fr. par an.

» Aujourd'hui le budget, toujours croissant, prélève :

2,900 fr. par minute;

175,000 fr. par heure;

4,200,000 fr. par jour;

125,000,000 fr. par mois;

1,500,000,000 fr. par an. »

Telles sont les questions, tels sont les chiffres, tels sont les rapprochements à l'aide desquels on égare non-seulement l'opinion du peuple, mais aussi celle de beaucoup de gens sensés, partisans dévoués du gouvernement, qui ne se donnent pas la peine de se rendre compte de la raison de cette aggravation successive de charges publiques, qui ignorent ou qui oublient qu'aujourd'hui beaucoup de dépenses sont centralisées qui ne l'étaient pas sous l'Empire et sous la Restauration.

Le budget est l'arsenal d'où les partis tirent leurs meilleures armes.

Le budget est le bélier qui sert à l'opposition à battre en brèche le gouvernement, et qui la mettra un jour en possession du pouvoir. Il faut s'y attendre, et, s'il en est encore temps, l'en empêcher.

Le budget, si l'on n'y prend garde, est le poids sous lequel la démocratie écrasera la royauté.

Les budgets mal établis et les impôts mal assis sont ce qui contribue le plus énergiquement au développement de l'esprit révolutionnaire et à l'affaiblissement du principe monarchique.

Or, le budget de l'État, loin de tendre à diminuer, tend au contraire constamment à s'accroître, par suite du mouvement nécessaire imprimé à nos grands travaux publics, mouvement qui pourrait être mieux dirigé, mais qui ne saurait être ralenti.

En 1830, il était d'un milliard ; il sera vraisemblablement de deux milliards en 1850.

Cet état de choses est grave et mérite de fixer sérieusement l'attention du gouvernement, qui ne saurait prévoir de trop loin l'immense perturbation que jetterait dans nos finances la plus petite conflagration éclatant en Europe, si nous les laissions persévérer dans la voie où nous pensons que la complication et l'obscurité les égarent dangereusement.

Toute guerre qui éclate a pour effet d'augmenter du même coup les dépenses et de réduire les recettes, d'affaiblir le pouvoir et de fortifier l'arbitraire, de ralentir les progrès de la richesse et d'ôter au crédit ce qui fait sa puissance : — la sécurité.

En fait de crédit public, le plus solide est celui dont il est le plus facile à tout le monde de se rendre compte.

Peut-on dire qu'il en soit ainsi de notre situation financière, peut-on dire qu'elle ne soit ni obscure, ni compliquée ; peut-on dire que tous ceux qui votent annuellement le budget le votent en parfaitt connaissance des charges et des ressources du pays, et en faisant à l'avenir la juste part qu'il doit avoir dans leurs prévisions; peut-on dire enfin que, grâce à sa simplicité et à sa clarté, le budget de l'État est mis à la portée de tous les contribuables?

Qui le prétendrait? qui l'affirmerait?

L'ordre règne dans la comptabilité, mais il ne règne pas dans les finances. S'il y régnait, le pays saurait rigoureusement à quoi s'en tenir sur ses forces productives, il saurait exactement tout ce qu'il peut entreprendre et tout ce qu'il doit ajourner. Il n'entreprendrait que ce qu'il aurait le moyen d'exécuter promptement et d'achever certainement. Chaque dépense aurait lieu à son tour, en raison de son degré d'utilité relative; on ne verrait pas aussi communément la moins pressée intervertir son rang et passer avant la plus urgente, la moins avantageuse avant la plus nécessaire. Les demandes de crédit, au lieu d'être simultanées et insuffisantes, seraient successives et complètes : elles s'enchaîneraient au lieu de se contrarier; ce qui pourrait être terminé dans cinq années, on ne mettrait pas vingt ans à le finir; le pays, après avoir semé pour recueillir, recueillerait pour semer, tandis qu'il s'épuise aujourd'hui à semer partout, et à ne recueillir nulle part; ici, le gouvernement ne fait pas tout ce qu'il doit; là, il fait plus qu'il ne peut; la charge qui pèse sur le présent excède ce qu'elle devrait être; le contribuable, sa bourse dans une main, le budget dans l'autre, regardant celle-là se vider, celui-ci s'enfler, n'est frappé que de deux choses : — de ce qu'il paye et de ce qui lui manque; il exalte le passé et s'inquiète de l'avenir, et quand il ne calomnie pas le roi, le moins qu'il fasse, c'est d'accuser ses ministres, comme si l'élévation des dépenses publiques leur profitait personnellement, comme si, au contraire, ce n'était pas une difficulté de plus qu'ils ont à surmonter pour garder le pouvoir. Évidemment, il y a là désordre, imprévoyance, inhabileté, absence de toute règle fondamentale, de toute vue supérieure; car tandis que la politique s'efforce de conduire le pays à droite, les finances le jettent à gauche. D'où cela vient-il ? — Cela vient du mauvais classement des dépenses publiques, cela vient de ce qu'on n'a pas encore su faire la part respective du passé ou de la *dette*, du présent ou de l'*impôt*, et de l'avenir ou de l'*emprunt;* cela vient de l'erreur profonde de nos ministres des finances, qui aiment mieux charger le budget que de charger la dette, erreur funeste! car une forte dette attache le pays à ses institutions, tandis que les gros budgets, au contraire, l'en éloignent et le démocratisent, dans la mauvaise acception du mot.

EMPRUNTER POUR DÉGREVER,
DÉGREVER POUR EMPRUNTER,
CHARGER LA DETTE ET DÉCHARGER LE BUDGET :

Tels sont les vrais principes que l'on méconnaît, au risque de compromettre gravement l'avenir de la monarchie et l'indépendance du pays.

Que l'on ne croie pas que ce que nous venons de dire ne couvre qu'une idée abstraite, qu'une distinction ingénieuse, que, dès qu'une dépense doit s'effectuer, il importe peu au contribuable qu'elle soit mise à la charge de la dette au lieu de l'être à celle du budget; ce serait une erreur; il y a dans les principes fondamentaux que nous venons de résumer, tout un système, et pour en acquérir la preuve et en apprécier la valeur, il suffira de le mettre en présence du système opposé. C'est ce que nous ferons, afin que tous ceux qui nous lisent puissent les juger comparativement l'un et l'autre.

Peut-on réduire le budget, dont le chiffre, déjà trop élevé et toujours croissant, abuse l'ignorance populaire, pervertit le bon sens public, fortifie l'opposition au sein des colléges et des chambres, sans revenir cependant aux anciens errements financiers de l'Empire et de la Restauration qui ont été justement abandonnés, sans laisser à l'écart des dépenses spéciales à la charge des départements, des communes ou d'établissements divers, sans dissimuler aucune dépense réelle, sans restreindre ou sans ajourner aucune dépense utile, sans ralentir surtout l'exécution de tous les grands travaux de voies de communication et de transport, au milieu desquels le pays ne doit pas se laisser surprendre par la guerre, et dont le prompt achèvement importe si essentiellement au progrès de notre industrie, au mouvement de notre commerce, et au développement de notre marine par la multiplication de nos échanges? — Telle est la question que nous nous sommes posée, et que nous croyons facile à résoudre en divisant les dépenses en deux catégories distinctes :

Les *dépenses* qui doivent être acquittées par l'*impôt;*

Les *avances* qui doivent être faites par l'*emprunt.*

A l'*impôt*, l'obligation de supporter toutes les charges résultant du payement des arrérages de la dette, des services publics et de toutes les dépenses purement d'entretien ;

A l'*emprunt*, l'obligation de subvenir à toutes les avances de fonds réclamées pour l'exécution, le perfectionnement et l'achèvement de nos voies de communication ; la mise en parfait état de nos ports ; l'augmentation de notre matériel militaire et naval ; les améliorations administratives, les réormes fiscales et les expériences économiques devant surtout profiter à l'avenir.

En temps de paix, la *dette*, l'*impôt* et l'*emprunt* représentent dans l'ordre économique ce que représentent dans l'ordre naturel le *passé*, le *présent* et l'*avenir*. Faire porter à la fois au présent le poids du passé et celui de l'avenir, c'est garrotter le présent, c'est attacher à ses pieds deux boulets, c'est l'écraser sous la pesanteur du fardeau et le condamner à l'impuissance. L'emprunt est le contre-poids nécessaire de la dette; il y a donc entre l'un et l'autre des rapports nécessaires qu'il faut savoir établir. Leur parfait équilibre est ce qui rend le poids de l'impôt léger à porter.

Vainement les nations grevées d'une forte dette entreprendraient de l'éteindre par l'économie; elles n'ont qu'un mode prompt et sûr de se libérer, c'est de saisir toutes les occasions propices de recourir à l'emprunt, c'est de demander à l'avenir de pondérer le passé, afin de laisser au présent la plénitude de ses forces, la libre disposition de ses ressources.

L'emprunt, toujours sous la réserve expresse que les États en feront un bon emploi, c'est la commandite, moins : — l'inconvénient de la participation, plus : — l'avantage de la perpétuité de la rente. A qui, de nos jours, toutes les grandes maisons de banque doivent-elles leur immense fortune, toutes les grandes industries leur développement et leur progrès? N'est-ce pas à la commandite, n'est-ce pas au crédit? Que tente pour se relever l'homme intelligent que des revers ou des fautes ont ruiné sans l'abattre? Il essaie d'emprunter, car évidemment, lorsqu'il ne possède plus rien, il ne peut pas commencer par épargner. Ceci, qu'on traite encore en France, de paradoxe est en Amérique si vulgaire, qu'il n'est pas rare d'y voir les créanciers, au lieu de poursuivre leur débiteur honnête et capable, étendre libéralement leur découvert afin de lui faciliter les moyens de les rembourser promptement.

Les États ne doivent jamais craindre de demander à l'emprunt tous les fonds qui leur sont nécessaires pour l'exécution des grands travaux publics appelés à féconder l'impôt en même temps que leur agriculture et leur industrie. L'emprunt est à l'impôt ce que la semence est à la récolte, ce que l'engrais est à la terre. Le moyen de se mettre à l'abri de la nécessité d'emprunter à usure en cas de guerre, c'est de profiter de son crédit en temps de paix, lorsque les capitaux abondent, pour emprunter successivement autant d'argent qu'on en peut trouver à un taux avantageux, et qu'on en peut employer utilement.

Les États qui, avant d'être arrivés à l'entier développement de leurs forces productives, pensent que la ressource de l'impôt doit leur suffire, marchent à leur décadence par une fausse entente de l'économie et par l'ignorance des lois du crédit. Il y a deux grandes catégories d'impôts : 1° les contributions que perçoit l'État ; 2° les dépenses que sous mille formes le contribuable acquitte sans s'en rendre compte, et qu'un ordre de choses plus parfait le dispenserait de payer. Le pays le plus imposé en apparence n'est pas toujours celui qui l'est le plus en réalité. Un État qui sait profiter des circonstances favorables pour contracter un emprunt dont il fait un bon usage accroît toujours ses revenus dans une proportion plus forte que ses charges ; c'est cette différence qui fait le progrès de sa prospérité et qui allége d'autant le fardeau porté par les contribuables. La dette d'un État est l'expression de son crédit ; si l'intérêt qu'il paye est faible et que le capital qu'il doit soit considérable, on peut affirmer qu'il est dans une situation normale et florissante. Le capital nominal de la portion de sa dette contractée en temps de paix est ce qui constitue l'importance de son actif représenté par toutes les améliorations dont les avances ont été faites par l'emprunt.

Faisant au budget l'application de ces principes, nous déchargerions le budget des dépenses, sans hésiter, ainsi qu'on l'a fait en Angleterre, du poids de l'amortissement, combinaison factice, condamnée par l'expérience, qui est une altération de la sincérité du crédit et de la vérité du taux de l'intérêt de l'argent, une perturbation lorsqu'il agit, et une complication lorsqu'il n'agit pas ; nous nous abstiendrions soigneusement de confondre les *dépenses* qui doivent être payées par *l'impôt* avec les *avances* qui doivent être faites par *l'emprunt*, les dépenses qui ont pour objet les divers services publics et les travaux d'entretien avec les avances qui ont pour but des travaux nouveaux et pour effet d'accroître, soit le produit de l'impôt, soit la valeur de l'actif social ; nous ne porterions en dépense que *l'intérêt* et non le *capital* des sommes employées en acquisition de matériel et en travaux autres que des travaux d'entretien ; enfin nous le réduirions à son expression la plus simple et la plus vraie.

C'est ce qui n'a pas lieu dans nos budgets ; ils n'admettent pas de distinction entre les dépenses qui ne laissent rien subsister après elles, telles que le service des cultes, l'entretien de l'armée, l'administration de la justice, la gestion de la fortune publique, etc., et les dépenses qui, en réalité, ne sont pas des dépenses, mais des *avances*, mais des placements fructueux, mais d'avantageuses conversions de capitaux, tels que l'exécution d'un chemin de fer ou d'un canal, l'établissement d'un pont, l'amélioration de la navigation, l'augmentation du matériel de nos arsenaux, ou de l'approvisionnement de nos ports, etc. Il y a là incontestablement dans nos budgets un vice de confection qu'il devrait suffire de signaler pour le voir aussitôt disparaître. Un commerçant ou un banquier qui achète des marchandises ou un immeuble n'en confond pas le prix pêle-mêle avec ses frais généraux, il ne le considère pas comme une dépense, et s'il commence par en débiter le compte de caisse, il finit par en créditer le compte de marchandises ou d'immeubles ; autrement, comment au bout de l'année pourrait-il se rendre compte de ses opérations, faire son inventaire et dresser son bilan ? Il saurait bien ce qu'il a reçu et ce qu'il a payé, mais il ne saurait ni ce qu'il a perdu ni ce qu'il a gagné, et c'est là ce qui lui importe surtout de connaître exactement. Le budget de l'État est un livre qui n'a de nom ni d'analogue dans aucune comptabilité ; ce sont des états de recettes et de dépenses qui se suivent, rien de plus, et qui se soldent, ou par des excédants de recettes illusoires, ou par des déficits imaginaires ; ceux-ci ne méritant pas plus de confiance que ceux-là, les uns ne devant pas plus rassurer que les autres ne doivent inquiéter. La dette publique a son grand-livre, mais la fortune publique n'a pas le sien. Ouvrez tous les budgets, vous y trouverez la récapitulation de la dette nationale, mais vous n'y trouverez pas l'inventaire de l'actif social ; vous ne saurez pas dans quelles proportions cet actif a diminué, dans quelles proportions il s'est accru, vous ne sauriez pas en quelles années le pays s'est appauvri, en quelles années il s'est enrichi. Nous allons à tâtons et au jour le jour ; aussi toutes nos dépenses, tantôt votées avec parcimonie, et tantôt votées avec prodigalité, portent-elles toujours le caractère de l'incohérence et de l'indécision, jamais celui de la prévoyance et de l'unité. Il en serait tout autrement si, depuis 1830, nous avions demandé à *l'emprunt*, au lieu de les demander à *l'impôt*, toutes les sommes qui ont été employées à augmenter le nombre de nos voies de communication et de nos édifices publics. Nous n'eussions pas dépensé moins, mais nous eussions dépensé mieux, car, lorsqu'il faut emprunter avant de dépenser, on y regarde de plus près que lorsqu'il n'y a qu'à employer l'impôt ; nous n'aurions pas autant de travaux commencés, mais nous en aurions davantage de terminés, ce qui ne serait pas plus mal ; enfin, nous n'eussions das entendu chaque année le mot de déficit, inconsidérément prononcé, retentir bruyamment à la tribune, au risque d'affaiblir notre crédit ; car tous nos budgets, au lieu de se solder par des excédants de dépenses, se fussent soldés par des excédants de recettes qui eussent permis à l'État de dégrever successivement l'impôt foncier, cette ressource des temps de crise et des temps de guerre qu'on ne saurait trop ménager en temps de paix.

Présenté comme il devrait l'être, le budget ne serait pas seulement plus simple, il serait plus sincère, il serait plus vrai.

Sérieusement et de bonne foi, est-ce que la dotation et la réserve de l'amortissement sont des dépenses ? Qu'est-ce donc que l'amortissement ? — N'est-ce pas la part de l'impôt affectée au rachat de la dette ? Ce serait donc alors plutôt une épargne qu'une dépense. Or, peut-on confondre l'une avec l'autre ? Depuis quand ces deux mots : épargne et dépense, signifient-ils une seule et même chose ? L'amortissement, considéré comme épargne, est une épargne illusoire ; considéré comme dépense, c'est une dépense imaginaire ; considéré comme moyen de soutenir le crédit public, c'est un moyen impuissant, précisément dans les temps de crise et de panique, où il importerait alors le plus qu'il fût efficace ;

considéré comme mode de libération, c'est un mode onéreux ; l'amortissement ne profite qu'à la spéculation et à l'agiotage ; l'abolir, ce serait achever l'œuvre commencée par les lois du 1er mai 1825, du 10 juin 1833 et du 17 mai 1837, qui en ont dénaturé le principe et paralysé l'institution ; l'abolir, ce serait faire à la fois un acte de loyale administration et un acte de haute politique, car ce serait renoncer à l'emploi d'un artifice désavoué aujourd'hui par la science financière , et décharger le budget des dépenses d'un poids considérable qu'on lui fait porter à tort.

Dans l'ordre de ces idées , l'emprunt serait toujours spécialisé, c'est-à-dire que chaque emprunt représenterait l'ensemble et le coût du travail dont il serait la dotation ou le prix du matériel qu'il aurait servi à acquérir, ainsi qu'on en peut voir des exemples dans les pages du budget : 2e SECTION DE LA DETTE PUBLIQUE : — *Emprunts spéciaux pour canaux et travaux divers* , contractés en vertus des lois des 10 avril 1818, 5 août 1821, 14 août 1822 , 28 juin 1829 et 30 juin 1835.

Toute construction de chemin de fer, de canal ou de pont, toute amélioration de port , de fleuve ou de rivière , toute création publique, toute acquisition de matériel aurait donc ainsi son emprunt spécial, son crédit distinct, sa dotation exclusive ; on saurait exactement, sans difficulté de recherche et sans confusion , ce que chacune de ces augmentations de l'actif social aurait coûté ; mais ce ne serait là qu'une considération secondaire ; la considération principale et décisive qui devrait faire adopter le classement :

En *dépenses* acquittées par l'*impôt ,*

En *avances* faites par l'*emprunt ;*

ce serait l'économie importante qu'il permettrait d'apporter dans l'exécution des travaux publics dont est chargée l'administration des ponts et chaussées.

Car la vraie raison pour laquelle l'administration des ponts et chaussées exécute parfois plus chèrement et plus lentement que l'industrie, c'est la liberté d'action dont elle est

privée par les règles de notre comptabilité—règles tuté-
laires lorsqu'il s'agit de renfermer la dépense des services
publics dans la limite des crédits votés par chapitres et articles—règles funestes, lorsqu'il s'agit de travaux qui pour
être faits économiquement, ont besoin d'être activement
poussés.

Ou asurez-vous le moyen de terminer les travaux sans retard, sans ralentissement, sans interruption, ou ne les en-
treprenez pas. Ajournez-en, si vous le voulez, le commen-
cement, mais n'en ajournez jamais l'achèvement. Quand la
dépense de ces travaux est prélevée sur l'impôt, il faut bien
de toute nécessité qu'elle se règle sur le vote et sur la per-
ception de l'impôt; elle ne saurait avoir lieu par anticipa-
tion; mais quand il est pourvu par l'emprunt, elle n'a de
limites que celles de l'emprunt lui-même; elle est affranchie
de la gêne désastreuse des exercices.

Exemple :

L'utilité de tels travaux, la nécessité de telle acquisition
de matériel ont été reconnues;

La dépense a été évaluée;

L'État, dûment autorisé, crée des rentes ou tout autre
effet public, portant le titre d'obligations ou de bons spéciaux, pour une somme égale à celle qui lui est nécessaire,
et les livre au fur et à mesure des besoins.

Dans ce système, les travaux commencés ne sont jamais
arrêtés par des formalités de comptabilité; des ateliers diffici-
lement organisés ne sont pas congédiés alors qu'ils commen-
cent à fonctionner parfaitement; des travaux ne sont pas à
refaire par une extrémité avant d'être achevés par l'autre;
des capitaux considérables ne restent pas de longues années
absorbés en pure perte; la récolte, enfin, suit de près les
semailles, ce qui n'est pas une considération de médiocre
importance, quand il s'agit de capitaux semés par centaines
de millions; enfin, l'égalité de condition entre l'industrie et
l'administration des ponts et chaussées est rétablie.

Mais il est impossible d'admettre qu'un emploi judicieux

de crédit n'ait pas pour effet d'accroître le produit de l'impôt dans une proportion au moins égale à la charge résultant du loyer des capitaux empruntés ; or, dans ce cas, le budget se solderait par un excédant de recettes. Quel en serait le meilleur emploi? Nous l'avons dit : ce serait de redresser par voie de dégrèvements successifs les inégalités de l'impôt foncier, ce serait d'opérer cette péréquation toujours promise et toujours différée.

Dégrever l'impôt direct, c'est abaisser indirectement le prix des objets de consommation journalière et de première nécessité ; c'est améliorer le sort des classes ouvrières ; c'est encourager l'agriculture ; c'est donner à l'industrie nationale le moyen de se procurer à meilleur compte les matières premières qu'elle met en œuvre, et de soutenir ainsi moins désavantageusement la concurrence étrangère.

Moins l'impôt foncier pèse sur le sol et plus le crédit de l'État, en cas de crise ou de guerre, offre de ressources et donne de garanties ; plus il est facile alors d'emprunter à des conditions avantageuses. Ainsi s'explique et se justifie ce principe que nous avons posé : *Emprunter* pour dégrever *dégrever* pour emprunter.

Supposons, pour un moment, que la paix s'interrompe, que la guerre éclate ; dans les errements financiers où le gouvernement s'égare, que ferait-il? Il recourrait à l'emprunt ; il y recourrait forcément et onéreusement dans les circonstances les plus défavorables, quand il l'aurait pu faire librement et avantageusement dans les temps les plus propices ; il emprunterait tardivement à 8 ou 10 pour 100, à un taux plus élevé encore peut-être, quand il aurait pu opportunément emprunter à 4 pour 100 ! Dans notre système, c'est absolument le contraire qu'il ferait. Ayant profité du calme et de la paix, de la confiance et de la prospérité publique pour emprunter tout l'argent qu'il aurait pu se procurer à un faible intérêt, et accroître ainsi la richesse nationale, ce serait à l'impôt foncier qu'il aurait successivement dégrevé, et non au crédit, qu'il s'adresserait alors ; et il pourrait le faire en toute sûreté.

En résumé, que voulons-nous ?

Nous voulons qu'on emprunte quand l'argent est abondant et à bon marché, et qu'on n'emprunte pas quand il est rare et cher ;

Nous voulons qu'on, emprunte tout l'argent nécessaire pour que la France soit le plus tôt possible en possession de l'ensemble des voies de communication et de transport auxquelles l'Angleterre doit ce qu'elle est devenue ;

Nous voulons qu'on emprunte tout l'argent nécessaire pour donner à notre agriculture, à notre industrie, à notre commerce, une impulsion qui les élève au rang de l'agriculture, de l'industrie et du commerce britannique ;

Nous voulons qu'on fasse pour l'impôt foncier ce qu'on fait pour la terre après certaine culture qui l'épuise ; nous voulons qu'on le laisse reposer pour le féconder, afin de pouvoir lui demander, dans une circonstance extrême, tout ce qu'il lui est donné de produire ;

Nous voulons que l'État n'entreprenne que ce qu'il est assuré de terminer, mais qu'il fasse tout ce qu'il peut faire dans la mesure de son crédit ;

Nous voulons que nos ministres et nos financiers cessent de décrier nos finances, et d'affaiblir notre crédit en accusant des déficits qui n'existent que dans leur imagination ;

Nous voulons que le mot « *équilibre* » n'ait plus un sens arbitraire, mais une signification précise ;

Nous voulons que tous les découverts antérieurs à l'exercice courant soient comblés par l'emprunt ;

Nous voulons que toute la portion de la dette flottante susceptible d'être consolidée le soit au plus tôt ; que la question de remboursement, à courte échéance, des sommes versées dans les caisses d'épargnes et celle de la conversion des récépissés de dépôts de cautionnements en inscriptions de rente ne restent pas plus longtemps en suspens ;

Nous voulons que l'allégement de la dette publique ait lieu, non par le rachat onéreux du capital, sous le nom d'amortissement, mais par la réduction successive et sans aucun artifice du taux de l'intérêt de l'argent, toutes les fois qu'il est possible à l'État d'emprunter à un intérêt moindre que celui payé par lui aux détenteurs de rentes;

Nous voulons que le budget ne se solde pas par un chiffre de recettes et de dépenses plus élevé en apparence qu'il ne l'est en réalité, ce qui donne aux partis des armes contre le gouvernement, et risque d'égarer l'opinion publique;

Nous voulons enfin que toutes les dépenses utiles soient largement faites, mais que toutes les dépenses superflues soient impitoyablement retranchées, conformément à ces mémorables paroles de Colbert à Louis XIV :

« Il faut épargner cinq sous aux choses non nécessaires, » et jeter les millions quand il s'agit de votre gloire. »

ÉMILE DE GIRARDIN.

FIN.

Imprimerie Dondey-Dupré, rue Saint-Louis, 46, au Marais.